T0328499

MOÇAMBIQUE
COMO LUGAR DE INTERROGAÇÃO
a modernidade em
Elísio Macamo e Severino Ngoenha

Paula Sophia Branco de Lima

Publicado em 2016 pela African Minds
4 Eccleston Place, Somerset West 7130, Cape Town, África do Sul
info@africanminds.org.za
www.africanminds.org.za

ISBN Impresso 978-1-928331-27-8
ISBN ebook 978-1-928331-28-5
ISBN ePub 978-1-928331-29-2

Para encomendar cópias impressas desta publicação:

African Minds
info@africanminds.org.za
www.africanminds.org.za

African Books Collective
PO Box 721, Oxford OX1 9EN, UK
orders@africanbookscollective.com
www.africanbookscollective.com

Sumário

iii

Agradecimentos

O exercício de reflexão contido nas páginas que compõem este livro é fruto de uma longa caminhada na qual várias pessoas tiveram imensa importância. O texto que segue foi extraído da minha monografia de conclusão do curso de bacharelado em ciências sociais na Universidade Federal de Pernambuco (UFPE). Marca, por isso, o fim de um ciclo e estas são sempre boas oportunidades para agradecermos a todos que estão a nossa volta, por tudo que construímos juntos.

Agradeço, em primeiro lugar, a minha mãe, por todo o entusiasmo em relação às minhas ideias e por mostrar-me o ponto de partida de tantas das minhas reflexões. Ao meu pai, pelas intermináveis discussões sobre a vida e pela sabedoria e tranquilidade em tempos que muitas vezes me parecem tão apocalípticos. Aos professores Eliane, Remo e Paulo, cujas contribuições foram fundamentais para a construção deste trabalho e pelos intrigantes e envolventes questionamentos que as nossas conversas me trazem. A todos que integram ou integraram durante este processo o grupo de pesquisa Sociedade Brasileira Contemporânea: cultura, democracia e pensamento social, do Programa de Pós-Graduação em Sociologia da UFPE. A Guine, Larinha, Ua, Airton, Leo, Olga, Lívia, Camila, Luiza, Laura, Ri, Jéssica, Lis, Hugo, Marilinha e Marcelo, cada qual a seu modo, fundamentais na construção das minhas ideias nesses últimos anos. A Patrício Langa, pela oportunidade de publicar este trabalho em Moçambique, o que realiza o seu sentido. A Elísio Macamo e Severino Ngoenha, primeiro e sem mesmo que saibam, pela importância que suas reflexões tiveram em minha formação, mas também por terem-se mostrado abertos ao diálogo e pelas entrevistas concedidas, de extrema importância para a realização deste trabalho. Ao CNPq, pelo incentivo financeiro concedido através das bolsas de iniciação científica que antecederam este trabalho.

Prefácio

Moçambique como lugar de interrogação: a modernidade em Elísio Macamo e Severino Ngoenha é antes de tudo um livro corajoso. E o é por razões diversas. A primeira delas por ter sido escrito por uma jovem estudante do curso de Ciências Sociais de uma universidade situada na região nordeste do Brasil, a Universidade Federal de Pernambuco, sem tradição em estudos sobre o continente africano. Este primeiro desafio revela outros. Sophia, a autora, não é moçambicana. Ainda assim, tomou para si o desafio de estudar, interrogar e escrever sobre dois autores moçambicanos fundamentais, o sociólogo Elísio Macamo e o filósofo Severino Ngoenha, elegendo em suas obras alguns aspectos que a intrigavam. Interessava, e ainda interessa, a ela compreender Moçambique não como "algo diferente" ainda em vias de ser explicado ou domesticado pela ciência social. Ao contrário, a sua pergunta, como bem sugere o título "Moçambique como lugar de interrogação", refere-se àquilo que as ciências sociais e os cientistas sociais podem aprender (e, em alguns casos, desaprender) quando começam a questionar suas próprias práticas de produção de conhecimento. Nesse sentido, aquilo que poderia parecer uma desvantagem, a pouca experiência aliada ao fato de ser ainda uma "aprendiz de socióloga", veio revelar-se como a grande força motriz e inovadora desta reflexão. O pensamento de Sophia, e ousaria dizer de uma jovem geração de cientistas sociais que ela representa, está menos cristalizado do que o de seus mestres e mestras. É justamente esta abertura, esta flexibilidade, que possibilitou o surgimento do seu olhar sobre os autores, de suas interrogações sobre a categoria "modernidade" e de suas vivências em Moçambique. Na base deste conjunto de inquietações encontra-se a insatisfação com a ciência que se "aprende" ou se "ensina" nos curricula académicos.

É por este conjunto de razões que o livro que o leitor tem em mãos constitui-se como um ato de coragem e também como parte de um processo de autoconstrução intelectual, que só pode existir porque é também colectivo. Nele a autora nunca se sacia. Seus questionamentos se desdobram em novas perguntas, em resistências, em luta interior.

O que é mesmo que Moçambique interroga? A modernidade? As ciências sociais? O intelectual? A universidade? Moçambique nos interroga.

A rica experiência de participar deste processo conturbado de autoconstrução intelectual deixou suas marcas. Já não temos medo de pensar além das nossas fronteiras, reais ou imaginadas. Já não temos medo de (re) definir nossas agendas de pesquisa. Parafraseando o modernista Oswald de Andrade em seu Manifesto Antropófago: "Só a autocrítica nos une!" O trabalho de Sophia é um convite à autocrítica. É um convite à coragem de encarar os limites da nossa produção e projectar-se em direcção a outras perguntas. Como diria (penso) Elísio Macamo, é um convite a abandonar a preguiça de pensar.

Eliane Veras Soares
Recife, 29 de outubro de 2013

1   *Introdução*

Um dia nos foi concedido o estatuto de seres
humanos, neste dia nos foi dada a autonomia
digna a um ser humano, a possibilidade de nos
organizarmos como seres humanos e, finalmente,
de pensarmos como seres humanos. Este estatuto
não nos foi oferecido, foi conquistado, e, para
tal, enfrentamos diversos "estágios" que passaram
necessariamente pela assimilação de dogmas culturais
que nos eram alheios, os dogmas do "homem
universal". Alcançar o estatuto de seres humanos,
então, significava imperiosamente negar toda a
humanidade que existia em nós. Os dilemas que
estabelecemos com o paradigma da modernidade
são desdobramentos desse processo histórico em
que nós, os "colonizados", superamos a situação de
"colonizados" para nos tornarmos exactamente o
quê? "Modernizáveis"?

O que se entendia por desenvolvimento e emancipação havia sido determinado. O ocidente localizava-se no ponto culminante da história da humanidade. Os africanos, os ameríndios, os asiáticos e todos os "não ocidentais", cuja existência é o que sustentava a dicotomia civilizado-selvagem, que garantia o estatuto de superioridade do homem ocidental, passaram a constituir o passado do presente histórico ocidental, representando, como afirma Santos (2010), uma realidade que é simultânea, mas não contemporânea à realidade ocidental. Isto é, foram considerados "ocidentais em potencial, com séculos de atraso, cuja historicidade consiste em percorrer o caminho que os separa de seus mestres" (Ngoenha, 1993: 48).

Para a Europa "civilizada", o "novo mundo" caracterizava-se pelo vazio cultural, era desprovido de razão e de história. O africano não tinha religião, estado ou escrita e por ser desprovido de qualquer característica que garantisse sua humanidade, não poderia reivindicar qualquer direito. Apoiando-se nesta presunção, o europeu apropriou-se daquelas terras, consideradas inabitadas, dos bens que ali existiam, que supostamente não possuíam donos, e daqueles corpos, supostamente aculturados, a-históricos e sem espírito. Foi dessa forma, afirma Macamo, ao parafrasear Amílcar Cabral (Cabral *apud* Macamo, 1998: 39), que a intervenção colonial afastou os povos africanos da sua história e integrou-os à história europeia. Nesta narrativa, a modernidade aparece para os países colonizados como uma promessa distante cuja realização depende dos nossos esforços em assimilar estes imperativos de desenvolvimento que construíram, no seu processo de consolidação, a nossa inferiorização.

Na exploração e dominação do "novo mundo", os europeus traziam consigo duas armas ideológicas imprescindíveis para legitimar essa dominação, primeiro, a religião, segundo e principalmente nas intervenções colonialistas que se deram nos séculos XIX e XX, a ciência moderna, cujas funções eram comprovar sua superioridade e sua "missão civilizadora". Como a ciência moderna desqualifica qualquer tipo de conhecimento que não esteja pautado nas suas próprias bases de explicação do mundo, o processo de colonização determinou o tipo de conhecimento válido para se interpretar o mundo e definiu como superstição, magia e tradição todo um arcabouço de conhecimentos que não se adequavam a este conhecimento que se pretendia universal.

As ciências sociais se fundam como uma sistematização analítica sobre a sociedade que é tipicamente moderna, porque surgem em resposta às questões colocadas pela ideologia de vida da modernidade e porque respondem à estas questões a partir de uma racionalidade moderna. Elas têm na sua génese, também, uma função prática, que é

3

auxiliar o estado moderno na gerência e controle de seus cidadãos. A sociologia é a aliada do estado no que refere-se à vida na metrópole e a antropologia, na relação que este desenvolvia com as suas colónias, constituindo-se como a ciência que estuda "o outro". Esta divisão, em si, carrega e reforça a diferenciação entre civilizado e selvagem que norteou as relações entre as metrópoles e suas colónias.

Para governar era necessário conhecer as sociedades para as quais se pretendia "levar o desenvolvimento e o progresso". A sistematização de conhecimento sobre o "outro", portanto, serviu à maximização dos lucros extraídos da intervenção colonial. Dessa forma, o antropólogo, em alguma medida, associou-se ao militar e ao missionário, tendo ajudado a aprimorar métodos de exploração e a legitimar atrocidades cometidas contra os colonizados, contribuindo para a estruturação do "saber colonial", que, segundo Macamo (2002: 5-6), consiste na invenção de uma sociedade africana susceptível de intervenção colonial. Seria simplista afirmar que este carácter de controlo caracterizava toda a produção no campo das ciências sociais. Estas e outras questões foram problematizadas dentro dos próprios campos de produção teórica destas disciplinas e, principalmente na segunda metade do século XX, estas ciências passaram por reestruturações que desconstruíram ou tentaram desconstruir postulados que serviam à desqualificação e dominação do "outro" e também à presunção universal desta racionalidade.

É diante deste quadro de reflexão crítica que nos vemos agora, cientes de alguns problemas que estiveram na base da construção do campo das ciências sociais e das ciências humanas como um todo. Ao falar a partir da periferia, acredito que três questões centrais fazem imprescindível a reflexão sobre os desafios da produção de um pensamento crítico e autónomo dentro deste campo de conhecimento, cuja relação com as nossas realidades se deu de forma tão problemática: (1) o facto de ter servido como distinção entre racional-irracional, civilizado-selvagem; (2) ter localizado os nativos como objectos desse conhecimento, concebendo-os como incapazes de sistematizar conhecimento sobre a sua própria realidade, e ter instrumentalizado este conhecimento para fins perversos; e (3) o facto da adopção desta epistemologia aparecer, ainda hoje, como necessária para se atingir a igualdade perante o "homem ocidental", o que é, também, fruto da não legitimação de outras formas de racionalidade. Não parto do pressuposto de que a ciência moderna não pode ser construtiva para as sociedades que, em dado momento, foram "objectos" deste conhecimento, como se não fosse possível superar esta condição. Porém, parece-me que a partir da periferia[1] não é

---

1 É importante sublinhar que o termo periferia também é

5

possível uma ciência social que não comece por interrogar determinados pressupostos.

O conceito de modernidade afigura-se central neste processo de interrogação, porque por detrás dele está a negociação da nossa igualdade, do nosso "estatuto de humanidade". Escolhi debruçar-me sobre esse conceito porque ele representa de forma exemplar a dicotomia que separa a Europa dos territórios colonizados. Quando o tomamos como referência para analisar as nossas realidades, acabamos deparando-nos com a "ausência" apontada por Santos (2002), como se as nossas realidades fossem débeis ou incompletas, o que fortalece uma concepção teleológica da história, na qual estaríamos a seguir os caminhos ditados pelo "homem universal europeu". O conceito acaba por ter uma dimensão normativa e, por isso, na sua utilização, normalmente reflecte-se um processo de dominação do qual ainda não nos conseguimos desvencilhar, que passa pela aceitação dos preceitos modernos como o "ponto de chegada" de uma marcha evolutiva.

Neste trabalho proponho-me a discutir algumas questões relacionadas aos dilemas de produzir-se conhecimento a partir do nosso lugar de fala, a periferia. A realidade moçambicana foi o cenário

---

problemático, inserindo-se neste mesmo debate acerca dos binarismos que utilizamos para representar nossas realidades (civilizado-selvagem, moderno-tradicional, centro-periferia).

escolhido para este debate e a modernidade, como conceito analítico, é o ponto de chegada dessa empreitada, servindo-me como forma de ilustrar estes dilemas. Ao problematizar a operacionalização do conceito modernidade, tive o intuito de questionar em que medida os quadros teóricos desenvolvidos nos centros de produção académica dão conta das nossas realidades e se, ao adoptarmos estes quadros analíticos, estamos problematizando as nossas realidades ou simplesmente importando e reproduzindo determinada epistemologia de forma acrítica.

Dois autores foram escolhidos para ilustrar esta discussão, o sociólogo Elísio Macamo e o filósofo Severino Ngoenha. O que me levou a seleccioná-los foi a perspicaz inquietação com a qual desenvolvem suas reflexões sobre a relação que o continente africano estabelece com a modernidade, procurando desconstruir postulados que vêm servindo de base para as reflexões sobre as sociedades africanas. Os autores tomam posições divergentes dentro das discussões sobre a modernidade, e estas posições acabam por demonstrar qual é a relação que estabelecem com os pressupostos teóricos ocidentais. Embora situem-se em campos distintos, acredito que o diálogo se faz válido porque suas reflexões demonstram diferentes esforços de lidar com os dilemas de se produzir conhecimento a partir de Moçambique.

No primeiro capítulo exponho alguns dos dilemas que se colocam para a produção de conhecimento a partir da periferia e, num segundo momento, uma breve contextualização histórica dos desafios políticos e económicos para consolidação do campo de produção das ciências sociais em Moçambique após a independência. O segundo capítulo é uma apresentação dos autores e da forma como estes concebem o seu papel enquanto produtores de conhecimento em Moçambique. O terceiro e último capítulo é uma tentativa de analisar as reflexões dos autores acerca do tema da modernidade, problematizando os seus posicionamentos dentro de discussões mais gerais sobre o tema.

No decorrer do trabalho, o leitor perceberá que ora utilizo "eles", para me referir aos africanos ou aos académicos africanos, e ora utilizo "nós", para me referir à uma condição de pertencimento à periferia. Com isso, não busco evocar um passado comum de colonização do povo brasileiro e do povo moçambicano, tenho clareza das diferenças dos processos vivenciados e das diferentes consequências históricas destes processos. Embora esta identidade periférica tome como um dos elos fundadores o processo de colonização, isso não significa uma compreensão simplista de que todas as experiências coloniais teriam-se dado da mesma forma. Entendo, porém, que estas experiências partilham expropriações comuns e entendo o expansionismo colonial europeu como parte integrante do projecto moderno que, na sua narrativa mestra, tentou nos cristalizar na posição de "outro". Este trabalho tem como argumento estruturador os dilemas que desdobram-se a partir deste binómio e, embora as consequências históricas vivenciadas pelas ex-colónias revelem diferentes formas de lidar com suas heranças coloniais, alguns dilemas nos são inevitavelmente comuns.

É também por esta razão que utilizo a terminologia "colonizados" e "colonizadores" e não "ex-colonizados" e "ex-colonizadores". Não entendo a condição de colonizado como uma condição essencial, mas acredito que as heranças deste processo não foram superadas completamente com as nossas independências políticas e prefiro adoptar esta terminologia porque o problema que incita as reflexões aqui presentes tem suas origens exactamente na condição dicotómica fundada na relação entre colonizado e colonizador e no processo de expropriação colonial.

2 De "objectos" a "sujeitos" do conhecimento

Dilemas de produzir-se conhecimento a partir da periferia

A discussão sobre produção científica nos contextos das periferias globais é problemática e às vezes parece encontrar-se num impasse. Uma vez que a ciência moderna constitui-se a partir de processos históricos próprios da Europa, já aparece como arbitrária a tentativa de universalização deste paradigma como detentor da verdade. Tendo a modernidade burguesa europeia se estabelecido como o apogeu de uma história humana unidireccional criada no ocidente, a constituição deste modelo de racionalidade científica impôs-se igualmente como um modelo totalitário, "na medida em que nega o carácter racional a todas as formas de conhecimento que se não pautam pelos seus princípios epistemológicos e pelas suas regras metodológicas" (Santos, 1987: 11).

A esse processo Santos (2010) denomina "epistemicídio" e coloca-o como um dos pontos centrais da perpetuação da opressão do colonizado pelo colonizador. Esta reflexão dialoga com a ideia de "colonialidade do saber", desenvolvida por Anibal Quijano (2010; 2005), a qual sugere que, para além do legado de desigualdade e injustiças sociais profundos do colonialismo e do imperialismo, há um legado epistemológico do eurocentrismo que nos impede de compreender o mundo a partir do próprio mundo em que vivemos e das epistemes que lhes são próprias. Dessa forma, o eurocentrismo não se torna apenas a perspectiva cognitiva dos europeus ou dos dominantes do capitalismo mundial, mas também do conjunto de educados sob a sua hegemonia.

Segundo o filósofo Severino Ngoenha (1993), o processo de colonização no continente africano – que, a meu ver, também pode ser estendido para reflexões acerca de outros processos de colonização – se deu em duas vias: a partir de um imperialismo mercantil, na apropriação das terras do "novo mundo", de seus recursos naturais e de seus homens, que se transformaram também em mercadorias; e um imperialismo histórico, na criação de um homem não-histórico. O "homem selvagem" foi criado pelo "saber colonial" (Macamo, 2002) na medida em que este se apropria não apenas da sua força de trabalho, como também da sua história, que passa a ser parte constituinte da narrativa europeia. O europeu, então, chega ao novo território para "civilizar". A ideia de que se estaria levando o esclarecimento do século das luzes à barbárie do "novo mundo" difundiu-se e serviu de legitimação à exploração colonial. Segundo Meneses (2010; 2004), esta ideia ainda continua em voga e aparece claramente no tipo de intervenção desenvolvimentista financiada por fundos internacionais como o Banco Mundial e as Nações Unidas, cujos objectivos continuam seguindo um ideal de progresso arbitrário.

É preciso ter em conta que, como todos os outros, o saber moderno é um saber local, diferindo apenas pelo facto de se ter proclamado universal e puro. De acordo com a reflexão sobre "constelação de conhecimentos", desenvolvido por Santos (2002), não existem saberes puros nem saberes completos, há constelações de conhecimentos que só se deparam com a sua incompletude na medida em que se relacionam uns com os outros. Quando a ciência moderna se proclama superior a "outros" saberes, ela impossibilita a sua co-presença, invisibilizando-os. Por isso, continua a proclamar-se um saber completo, mas não é a superioridade racional da ciência moderna que garantiu seu processo de universalização, e sim a violência das intervenções políticas, económicas e militares do colonialismo e do capitalismo moderno (Santos, 2010; 2002; 1987).

As questões que nos interessam aqui não estão directamente relacionadas aos problemas oriundos da relação entre a ciência moderna e "outros" saberes. Esta discussão foi levantada porque o "epistemicídio" que vitimou os povos colonizados representa também uma perda ontológica para esses povos, uma vez que "saberes inferiores são próprios de seres inferiores" (Santos, 2010: 17). Esta disparidade está na origem de uma série de dilemas enfrentados pelas ex-colónias que, ao alcançarem suas independências políticas, se viram diante da controvérsia de continuar assimilando escolhas desenvolvimentistas impostas pelos mesmos centros políticos contra os quais lutavam e que integram a mesma visão de mundo que em dado momento serviu para usurpar sua autonomia a partir da sua inferiorização.

A querela que se coloca é que tendo a ciência moderna se estruturado a partir de conteúdos e modelos próprios da realidade europeia, ela acaba por produzir e reproduzir a mesma lógica colonial, porque o ocidente passa a representar uma realidade ideal e o "resto" do mundo passa a caracterizar-se pela ausência, pelo que ainda não está pronto e por isso, é susceptível de intervenção. Segundo Stuart Hall (Hall *apud* Costa, 2006: 119-120), a polaridade entre o Ocidente e o "resto" do mundo (*West/Rest*) encontra-se na base da constituição das ciências sociais, cuja produção atende a um princípio circular e auto referenciado que reafirma, *ad infinutum*, as premissas desta distinção binária original. Nesta distinção, a superioridade europeia não aparece de forma circunstancial ou histórica, trata-se de uma superioridade ontológica, essencial e imutável, porque ela própria constitui a lógica e a semântica dos termos da relação.

Para além dos questionamentos à imposição do discurso científico como saber absoluto, problemas de outras ordens também se colocam. Um dilema central está relacionado à dependência económica dos estados da periferia, especificamente da África, em relação aos estados do centro. A África entrou "atrasada" nos processos de acumulação de capital e industrialização e teve o seu lugar na integração ao mercado mundial determinado desde o princípio: o lugar da matéria-prima. Como resultado disto, esteve até então em desvantagem em todos os aspectos. Segundo Hountondji (1994; 2010), no campo da produção científica não foi tão diferente e a dependência dos investidores trouxe um leque de problemas para o desenvolvimento científico. Entre eles pode-se colocar a permanente posição de consumidor do continente africano em relação às teorias ocidentais, de forma que a África acaba sendo um lugar de colecta de informações, mas não propriamente de produção teórica; e o carácter de extraversão da ciência produzida em África, o que significa que esta está sempre voltada para os interesses dos financiadores e não para as reais preocupações do continente.

A partir do momento em que o processo de colonização impõe a ciência moderna como a forma civilizada de interpretar a realidade, a apreensão de suas bases epistemológicas coloca-se como uma necessidade para aqueles que pretendem dialogar de "civilizados" para "civilizados" e sair de uma espécie de menoridade cultural; apreender estas bases epistemológicas passa a fazer parte da negociação da nossa igualdade. Uma vez exposto o problema, o que se pretende não é negar a validade do conhecimento científico, mas sim, conscientes de que esta produção tem alimentado e legitimado o modelo dominante de representação das relações entre Europa e o mundo, lançar luz sobre a necessidade de nos questionarmos sobre que tipo de reflexão pretendemos desenvolver dentro deste campo e qual é a sua razão de ser nos nossos contextos específicos, de nos interrogarmos, como coloca pertinentemente Houtondji (1994), sobre a nossa posição no processo de produção de conhecimento a nível global, sobre o sentido da nossa prática como produtores de ciência.

Breve contextualização da conjuntura de produção do conhecimento em Moçambique nas últimas décadas

Em 1975, a luta de libertação nacional de Moçambique atingiu a sua independência do jugo colonial português por via de uma luta armada liderada pela FRELIMO – Frente de Libertação de Moçambique. O momento que se estabelece após a independência requer a constituição de uma nova ordem social, um novo homem moçambicano e novas aspirações. Afinal, a nação moçambicana estava a ser construída e, no processo de rompimento com o poder colonial, a forma como a sua história é contada e as interpretações que se desenvolvem sobre a sociedade são de grande relevância para a instituição de uma nova ordem político-ideológica. Neste sentido, o ano de 1975 marca o início de uma grande transformação no campo da produção do pensamento social em Moçambique.[2]

A nova abordagem científica que se dá após a independência critica a produção colonial pela sua falta de objectividade científica, que estaria ligada à instrumentalização da disciplina para fins coloniais. Ela mesma, porém, é marcada por um viés marxista e está estreitamente ligada ao processo de construção da nação moçambicana liderada pela FRELIMO. É legítimo considerar que houve, em alguma medida, uma troca dos poderes que orientavam a produção científica no âmbito das ciências sociais: o que antes contribuía para a legitimação de práticas coloniais passaria a ajudar a legitimar o projecto político da FRELIMO.

---

2 É importante salientar que os moldes em que as interpretações sobre a África se vinham desenvolvendo já passavam por modificações antes mesmo dos processos de independência. As próprias lutas de libertação são, em parte, fruto de mudanças na forma como os intelectuais africanos passaram a conceber as suas realidades.

Moçambique foi, desde a sua independência e durante mais de quinze anos, um estado de partido único, a FRELIMO. Segundo Brito (1993), depois da descolonização, a maioria dos estados africanos seguiu o monopartidarismo. Após as suas independências, muitos destes países encontravam-se diante de disputas étnicas e políticas internas, uma vez que os territórios delimitados pelos colonizadores abarcavam uma enorme diversidade. Por isso, colocava-se a necessidade de garantir a unidade nacional. No caso de Moçambique, os problemas oriundos desta diversidade foram agravados pela estratégia política de seus vizinhos capitalistas. A África do Sul e a antiga Rodésia (actual Zimbabwe) exploraram a insatisfação de diferentes grupos étnicos por meio do financiamento à Resistência Nacional Moçambicana (RENAMO)[3] como uma forma de desestabilizar o projecto político da emergente nação moçambicana.

---

3 Se, por um lado, a criação e consolidação da Renamo teve o apoio dos regimes da antiga Rodésia e da África do Sul, também contou com uma oposição interna à Frelimo e com o apoio de parte das comunidades rurais moçambicanas na luta contra o Estado. A Renamo emergiu por volta de 1976, de uma investida contra-revolucionária na antiga Rodésia, que, posteriormente, com a independência do Zimbabwe em 1980, foi apoiada pelo regime do Apartheid na África do Sul. A reivindicação etnicista da Renamo foi o principal ponto de conflito entre esta e a Frelimo. A primeira acusava a Frelimo de assumir uma política de perseguição às etnias do centro do país. Para a Frelimo, a postura da Renamo estava vinculada a reinvindicações tribalistas.

Neste momento, a negação da tradição esteve fortemente presente no discurso da FRELIMO. A ideia de construção da nação estava vinculada ao surgimento do "Homem Novo", emancipado do colonialismo e do tribalismo e engajado na luta revolucionária, com novos valores e aspirações. Como afirmou Samora Machel:[4] "nós matamos a tribo para fazer nascer a nação" (Machel *apud* Macagno, 2005, p. 8). A negação da tradição justificava-se como uma forma de superação da condição de "primitivo" para a de "civilizado", mas também tinha outra função no projecto político do partido: superar as diferenças internas para consolidar a unidade nacional, isto é, tinha a importante função de consolidar a identidade moçambicana.

Nos anos que se seguiram à independência, a ciência estava no centro das políticas nacionais. Para suprir as lacunas deixadas pelo êxodo dos colonizadores, a ênfase destas políticas era a formação de quadros. No campo das ciências humanas logo se fundou o Centro de Estudos Africanos (CEA) da Universidade Eduardo Mondlane (UEM),[5] cuja missão era apontar saídas para os problemas

4 Sucessor de Eduardo Mondlane na liderança da Frelimo e Primeiro Presidente de Moçambique.
5 Antiga Universidade de Lourenço Marques (período colonial) que no pós-guerra se tornou Universidade Eduardo Mondlane, sendo a primeira universidade de Moçambique independente.

imediatos do país. Para Fernando Ganháo[6], na universidade que a UEM pretendia ser, as ciências sociais deveriam constituir uma estrutura organizada que deveria produzir conhecimento científico e formar alunos e intelectuais que estivessem decididos a engajar-se no processo prático de transformação da realidade social, com base numa sociedade socialista (Ganháo, 1983).

A tónica da produção de conhecimento científico em Moçambique neste período se encaixa no que Achile Mbembe (2001) classifica como "corrente instrumentalista ou 'economicista' (marxista e nacionalista)". Essa corrente caracteriza-se pela falta de flexibilidade e por uma concepção instrumental do conhecimento e da ciência. Dentro desta lógica, não é dada autonomia aos pesquisadores e o conhecimento produzido por estes só é considerado útil na medida em que estivesse ao serviço do projecto partidário.

A reflexão sobre o sentido e a utilidade do conhecimento científico ficaram de fora dos debates científicos do país e uma das razões para a ausência deste autoquestionamento é trazida por Meneses (2004: 728) quando a autora afirma que, embora o discurso nacionalista da FRELIMO desafiasse a dominação colonial, ele aceitava as premissas intelectuais da modernidade em que esta dominação

---

6 Então Reitor da Universidade Eduardo Mondlane.

se fundou. O estado independente perseguia o modelo de desenvolvimento proposto pelos países do norte e a ciência era vista como o veículo para alcançar este desenvolvimento. Por isso, a consolidação de um campo científico torna-se, ao mesmo tempo, parte e fruto deste modelo. Parte porque a ela cabia promover este desenvolvimento e fruto porque ela era um dos factores constituintes de uma sociedade desenvolvida. Nesta busca, o novo Estado acabou por dar continuidade à violência em relação às culturas autóctones, criminalizando-as e categorizando-as de primitivas. A afirmação emblemática de Samora Machel, de que é "na escola onde a ciência liquida o obscurantismo e a ignorância", trazida por Meneses (Machel *apud* Meneses, 2010: 728), revela com clareza a tónica da política científica daquele momento histórico.

Após a independência, a história de Moçambique será contada nas linhas de uma estreita relação político-ideológica com a FRELIMO. Isso pode ser evidenciado na crítica do autor Malyn Newitt (1987) ao livro História de Moçambique.[7] Segundo o autor, além da análise marxista da história reduzir o período colonial de Moçambique a uma parte da expansão do capital europeu, interpretando de maneira simplista

---

7 UEM, Departamento de História (1983). História de Moçambique Volume 2: Agressão Imperialista (1886-1930). Cadernos TEMPO. Maputo.

o processo imperialista dos fins do século XIX, o carácter nacionalista da obra faz com que não sejam explicitadas as particularidades das diferentes regiões de Moçambique nem os factores que dividiam os moçambicanos, tentando mostrar uma uniformidade na experiência colonialista partilhada por todos os povos de Moçambique.[8] No que se refere à luta de libertação nacional, a análise privilegia o partido como actor principal. Difundia-se a ideia de que todos os moçambicanos se reconheciam dentro do partido e se identificavam com sua ideologia.

A maioria dos autores (moçambicanos e estrangeiros) que desenvolveu estudos nos primeiros quinze anos de independência segue a linha de uma historiografia vitoriosa,[9] sendo difícil encontrar relatos focando aspectos negativos da luta armada. Segundo Aquino de Bragança e Depelchin (1986), o engajamento constitui um dos problemas centrais na obra de importantes autores que escreveram sobre a história de Moçambique, tornando-os tendenciosos à medida que concordam inteiramente com as opções da FRELIMO. Todavia, a data de publicação do artigo que contém esta reflexão, assim como a revista

---

8 Após a independência, tendo em vista o fortalecimento da construção da nação moçambicana, a exploração que ocorreu durante o colonialismo é levantada pela Frelimo como um fator de identificação nacional e esta era analisada de forma homogênea.
9 Esta abordagem tem cada vez menos adesão.

em que foi publicada,[10] nos revela que, embora seja possível traçar um perfil geral daquela produção, se faz simplista a afirmação de que não houve espaço para ou simplesmente não houve autocrítica com relação à influência ideológica da FRELIMO nesta produção.

Era um momento de grandes transformações e intensa comoção política. É preciso ter em conta que o facto de um grupo de intelectuais ter adoptado determinado discurso ideológico é consequência do facto desses intelectuais muitas vezes terem estado ligados ou constituírem as bases do partido e as próprias elites dirigentes do país. Grande parte dos intelectuais estava engajada na luta de libertação e muitos deles ajudaram a idealizar as propostas de governo da FRELIMO. Os intelectuais concebiam-se à si mesmos como representantes dos interesses das massas populares. Por isso, a ideologia marxista-leninista, assim como a crença na FRELIMO, não pode ser entendida simplesmente como fruto da repressão político-ideológica por parte do partido. Na realidade, para combater a propaganda ideológica de direita acabava-se produzindo uma "história-propaganda" que ressaltava os aspectos

10 BRAGANÇA, Aquino de e DEPELCHIN, Jacques (1986), "Da idealização da FRELIMO à compreensão da História de Moçambique". *Estudos Moçambicanos*. Maputo, nº5/6, p. 29-52. A revista Estudos Moçambicanos é publicada pelo Centro de Estudos Africanos da UEM

positivos da luta de libertação nacional (Bragança e Depelchin, 1986).

O facto do marxismo-leninismo ter sido adoptado como ideologia oficial da FRELIMO aumentou ainda mais a hostilidade dos regimes brancos da região em relação a Moçambique. Desde os tempos de colonização, a dependência económica de Moçambique em relação aos seus vizinhos, notadamente a África do Sul, sempre foi explícita. Com as independências dos países da África Austral, os regimes da antiga Rodésia e da África do Sul ficavam cada vez mais desamparados. Estes, porém, tinham uma economia suficientemente forte para causar instabilidade económica em seus vizinhos e revidar com ofensivas militares.[11]

> Assim, num contexto de hostilidade política
> declarada, a dependência de Moçambique em
> relação às economias dos países vizinhos [...],
> aliada à incapacidade de formular uma política
> económica que assegurasse o desenvolvimento
> do país, conduziram o Estado moçambicano
> a uma crise sem precedente. Em 1983, [...] o
> governo moçambicano, incapaz de mobilizar
> os recursos financeiros necessários à sua política

---

11 O que se evidenciou não somente no apoio à Renamo, mas também na interferência da África do Sul nos processos de libertação de Angola e da Namíbia.

de investimento e confrontado com o peso da dívida externa do país, viu-se obrigado a encetar negociações com vista à adesão de Moçambique ao Banco Mundial e ao Fundo Monetário Internacional. Nessa altura foram decididas as primeiras medidas de liberalização económica, que culminariam mais tarde no abandono definitivo do "marxismo-leninismo" e da orientação planificadora e estadista da economia em 1989 (Brito, 1993: 21-22).

Paralelamente, assiste-se a uma reviravolta no quadro político internacional com a queda do socialismo como ideologia de Estado, desencadeada com o desmoronamento do bloco soviético. Conduzidos pela guerra civil, aumento da pobreza e frequentes calamidades naturais, a economia e o estado moçambicanos viam-se numa situação cada vez pior, tendo entrado na lista dos países mais pobres do mundo e passado a depender quase totalmente de donativos internacionais. É nesse contexto que a FRELIMO acaba aderindo ao "multipartidarismo democrático".

A partir dos anos 1990, Moçambique atravessa uma série de mudanças. Em Novembro de 1990 foi aprovada uma nova constituição e em 1992, a assinatura do Acordo Geral de Paz entre o governo moçambicano e a RENAMO deu fim à guerra civil. O processo de paz levou à realização das primeiras eleições democráticas no país, em Outubro de 1994 (Tollenaere, 2006).

De acordo com Meneses (2004), o afastamento em relação à "revolução socialista", traduziu-se na aplicação de várias reformas neoliberais, muitas delas impostas por agências internacionais como o Banco Mundial, para os quais "o apoio técnico, o conhecimento, a produção e a partilha de saberes são hoje consideradas as áreas centrais de intervenção" (Mehta *apud* Meneses, 2004: 730). A nova configuração político-económica teve interferência na ordem de produção científica. A intervenção destas inúmeras organizações internacionais e, mais tarde, o surgimento de Organizações Não Governamentais (ONGs) moçambicanas, institutos, centros de pesquisa e empresas de consultoria tiveram um forte impacto na dinâmica local de produção de conhecimento científico, complexificada por um intrincado jogo político a nível nacional e internacional.

Embora tenha movimentado a produção de conhecimento em Moçambique, a nova dinâmica trouxe alguns agravantes que dialogam com questões apontadas por Meneses (2004; 2010) e Houtondji (1994; 2010). O "apoio" financiado pelas agências de desenvolvimento internacionais muitas vezes transforma as comunidades locais em simples alvos de intervenções desenvolvimentistas cuja lógica dos resultados (construção de estradas,

modernização dos sistemas de irrigação, etc.)
e dos meios através dos quais os projectos são
desenvolvidos são estranhos aos habitantes e os
relega à posição de receptores passivos sem poder de
decisão sobre seu destino. Esta relação problemática
entre os "doadores" e as comunidades atingidas
pelas intervenções reproduz a relação de cooperação
institucional entre o governo moçambicano e
estes investidores internacionais, na qual o estado
por vezes abre mão da autonomia do seu projecto
político-económico. Essas intervenções seguem uma
lógica de desenvolvimento que, embora possa trazer
benefícios ao país ou às comunidades beneficiadas,
têm em vista o fortalecimento do sistema capitalista
global. Isto significa que, muito mais do que
beneficiar o lado "mais fraco" do acordo, essas
intervenções fortalecem as estratégias económicas
daqueles que detém o poder.

Como consequência, os pesquisadores que
poderiam estar voltados para reflexões endógenas,
acabam por fortalecer uma rede de produção de
conhecimento que continua tendo os países do norte
como protagonistas, já que este tipo de investimento
está voltado para os fins e, tendo um arcabouço
teórico e metodológico consolidado, não se interessa
em incentivar a criatividade teórica dos pesquisadores
que contrata. Reforçando, desta forma, a ideia das
periferias como lugar de coleta de dados, mas não
propriamente de produção teórica.

As implicações da rede de financiamento internacional, todavia, não tornam de forma alguma o terreno estéril. ONGs, Centros e Institutos de pesquisa locais encontram formas diversas de se beneficiar destes subsídios para estudos que consideram relevantes e urgentes para as realidades locais. As relações que alguns projetos, agências ou organizações internacionais estabelecem com os pesquisadores locais e a população de forma mais ampla muitas vezes são problematizadas por estas instituições. O contexto não é simples e os desdobramentos caminham em múltiplas direções. Uma reflexão mais aprofundada sobre o impacto do financiamento internacional nas redes de produção de conhecimento nacionais careceria de um estudo mais detalhado sobre esta realidade.

Na presente pesquisa, debrucei-me sobre obras da produção recente das ciências sociais em Moçambique. Foram seleccionadas obras publicadas entre 1992 e 2011 e duas entrevistas que datam respectivamente de 2009, com Elísio Macamo, e 2012, com Severino Ngoenha. O resgate histórico dos primeiros anos de independência revelou-se importante, primeiro, porque não é possível entender esta produção sem a compreensão da trajectória política e económica do país e da forma como estes factores se relacionam com a consolidação do campo das ciências sociais. Segundo, porque a reflexão sobre os factores que norteiam a produção de conhecimento em Moçambique no percurso de sua história é intrínseca à reflexão sobre como estes autores entendem seus campos de actuação e o sentido de suas produções.

A questão que me interessa não se refere estritamente ao facto da produção de conhecimento científico em Moçambique ter sido, desde o princípio, inseparável de padrões políticos, económicos e culturais exógenos. Ou do facto desta produção tomar como referência os processos históricos que se desenrolavam no eixo Europa-Estados Unidos, mesmo que, para tal, tenha sido necessário se situar sempre num estágio que antecede a actualidade daquelas realidades. As ciências sociais produzem conhecimento a partir da realidade que está posta, neste sentido, sua produção está estreitamente ligada aos processos de transformação vivenciados pela sociedade ao nível local e global. A escalada desenvolvimentista que se deu a partir da independência é um facto inegável e é interessante nos questionarmos se não foi, também, inevitável. O que me interessa essencialmente, porém, são os desdobramentos reflexivos que as nossas realidades nos proporcionam. O diálogo com os paradigmas do homem dito universal é uma questão da qual não podemos fugir, mas as possibilidades de reflectir sobre estas influências são múltiplas e a forma como o fazemos revela se aceitamos a ordem posta ou se estamos dispostos a desconstruí-la.

3 Moçambique como lugar de fala

Hipóteses sobre o entendimento de Macamo e Ngoenha a respeito das suas actividades enquanto produtores de conhecimento

Apresentado o fio condutor da discussão que impulsiona este trabalho e a trajectória das condições em que são produzidas as reflexões que aqui vamos discutir, faz-se necessária a apresentação dos autores cujas obras serão analisadas. Primeiramente, é preciso esclarecer que estes se situam em diferentes áreas de produção de conhecimento. Elísio Macamo insere-se no campo da sociologia e, Severino Ngoenha, no campo da filosofia. Podemos encarar esta distinção como a justificativa para uma série de divergências que encontraremos nas obras dos autores. Neste trabalho, me interessa reflectir sobre o que impulsiona estes autores a produzir conhecimento, a forma como eles concebem o que é o intelectual, qual o papel desempenhado por este na sociedade e que tipo de conhecimento este deve produzir, como uma maneira de problematizar o sentido da produção das ciências sociais nos contextos das periferias globais. Embora estas questões possam estar relacionadas com a disciplina a partir da qual os autores desenvolvem suas reflexões, este facto não significa que eles não possam estar de acordo em relação à algumas destas questões. Por isso, busco entender, também, em que medida as suas divergências em relação a estes pontos se justificam apenas por situarem-se em campos distintos.

O que despertou o meu interesse na obra destes autores e posteriormente me levou a escolher suas obras como objecto de estudo foi a forma como eles se posicionam em relação aos debates sobre a modernidade. Macamo e Ngoenha apresentam perspectivas divergentes, porém, não necessariamente opostas. A meu ver, a forma como eles se posicionam em relação ao debate reflecte diferentes esforços de problematizar a relação ambígua que estabelecemos com a modernidade e de lidar com os dilemas de se reflectir a partir de um quadro analítico que, a priori, nos desqualifica. Como estabelecer este diálogo? O posicionamento dos autores em questão é reflexo do seu lugar de fala e da forma como estes lidam e buscam superar os impasses relacionados com este lugar de fala. Eles estão preocupados em produzir um conhecimento que possa contribuir para a projecção de um futuro para Moçambique e para o povo moçambicano, mas buscam caminhos diferentes para atingir este fim.

A percepção sobre o que deve ser a sociologia, para Macamo, aproxima-se da perspectiva weberiana (ver Cohn, 1979). Ele está preocupado com a operacionalização dos conceitos e com a neutralidade axiológica do cientista social. Enxerga a sociologia como um lugar a partir do qual se despertam problemas e não como um lugar para resolução destes. Macamo não adopta este discurso cegamente, entende que o fim último do conhecimento deve ser o bem-estar humano e que as questões trazidas à tona pela sociologia podem vir a nortear algumas soluções práticas. Isto, porém, não deve passar pela "politização da disciplina" (Macamo, 2009: 20). A meu ver, para Macamo, se o cientista social pode "ajudar as pessoas a discernirem as condições dentro das quais as suas necessidades básicas terão melhores possibilidades de êxito" (Macamo, 1996: 363), isso se dá a partir da desmistificação da realidade, levada a cabo pela ciência moderna. É através da problematização da realidade que o cientista social pode contribuir para a superação dos problemas da realidade moçambicana ou de qualquer outra sociedade, não através da proposição de alternativas para a resolução destes problemas.

Em relação aos dilemas do sentido e do modo como o conhecimento sociológico é ou deve ser

produzido em contextos periféricos, parece-me
que as ideias do autor se aproximam um pouco
das do sociólogo brasileiro Florestan Fernandes
(1977), para o qual o cientista social integra uma
comunidade global de produção científica, regida
por um cosmos cultural autónomo com normas e
valores próprios. O cientista social se deve manter
fiel a este cosmos, de forma a não deixar que suas
análises sejam demasiadamente influenciadas pelos
valores ou pelas urgências da sociedade em que
está inserido. Isto, porém, não se traduz numa
negação completa da influência que as condições
sociais locais têm sobre o pensamento do cientista
social – a escolha de seus objectos de estudo,
por exemplo, sofre uma influência directa destas
condições – significa apenas que deve existir um
equilíbrio entre as influências extracientíficas e
aquelas referentes ao próprio universo da ciência.
O rigor metodológico e a objectividade científica
aqui referidos não aproximam nem Macamo, nem
Fernandes, das perspectivas positivistas das ciências
sociais, apenas aparecem como uma ferramenta de
controlo para que não se corra o risco de produzir
uma "pseudociência".

Acredito que a preocupação de Macamo em
relação à fidelidade que o cientista social deve manter
com os preceitos de produção universal[12] das ciências

---

12 A universalidade a qual me refiro não significa universalidade

sociais vai neste sentido. O cientista social deve ter em mente que, se, por um lado, ele não pode perder de vista a realidade em que está inserido para não acabar por produzir um conhecimento artificial em relação à esta, por outro, deve também estar preocupado em dialogar com a comunidade global das ciências sociais, contribuindo para o avanço de análises sobre a sociedade numa perspectiva global, caso contrário, este se restringirá a produzir conhecimentos locais.

É possível afirmar a partir de algumas conclusões do autor que, para ele, o discurso científico é capaz de interpretar as mais diversas realidades. Por isso, "se um intelectual não é capaz de adequar seu conceito ao objecto, tem problemas. Tem problemas de formação" (Macamo, 2009: 17). Assim, as especificidades da sociedade moçambicana ou africana não postulam uma ciência genuinamente africana, mas apenas um maior cuidado na operacionalização dos conceitos (Macamo, 2002: 1). Os debates que surgem a partir da incapacidade de alguns conceitos darem conta destas realidades devem ser vistos como uma forma de problematizar e enriquecer os próprios quadros analíticos desenvolvidos pelos centros de produção académica e não de reafirmar que aquelas realidades

---

enquanto apreensão absoluta da realidade, refiro-me à universalidade compreendida como alcance global das teorias e dos conceitos, que concebe a sua possibilidade de utilização em contextos diversos.

são "mais certas" que as nossas. O nosso lugar é um lugar privilegiado para se reflectir cientificamente, porque é o lugar de interpelação do que está posto. Para Macamo, não é a ciência que está errada, é a forma como a operacionalizamos que pode conter alguns erros.

Macamo é crítico em relação às perspectivas pós-coloniais que advogam a consolidação de novas epistemologias, de uma ciência "nossa" para reflectir os contextos periféricos: "Mesmo sem ser positivista, eu acho que esse é um beco sem saída. Nós não devemos entregar o campo assim de qualquer maneira. Nós temos que insistir em que o que nós fazemos está dentro daquilo que deve ser feito [...] nós estamos a fazer ciência" (Macamo, 2009: 16).

Um exemplo do seu posicionamento sobre a suposta inadequação dos conceitos em relação às realidades africanas está presente no debate sobre a existência ou não da nação moçambicana (Macamo, 1996). Através de uma argumentação coerente, o autor mostra que os problemas que supostamente deslegitimariam o estatuto da nação em África estão presentes em todos os processos de construção nacional – enquanto conceito moderno – que existiram até então na história da humanidade. Frequentemente a organicidade e legitimidade da identidade nacional moçambicana, assim como a própria existência desta nação são colocadas em cheque, o que também acontece em relação à outras nações africanas. Tal crítica assenta na ideia de que tendo Moçambique se construído a partir de um território delimitado pelo colonizador, a nação moçambicana não existiria de facto, pois sua criação não se teria baseado nas diversas etnias existentes e, por isso, os integrantes destas etnias nem sequer partilhariam uma consciência comum e não formariam uma comunidade nacional (Cahen *apud* Macamo, 1996).

A nação em Moçambique, em África e em todo o mundo, é uma comunidade política imaginada (Anderson, 2008). Não existem nações desde sempre, tampouco são elas simples produtos de condições sociológicas como a língua, a raça ou a religião (Chatterjee, 2000). Não ocorreu dessa forma em Moçambique, assim como não ocorreu dessa forma em nenhum lugar do mundo: as nações são trazidas à tona pela imaginação. O que se evidencia é que o processo de construção da nação moçambicana, assim como o de outros países de África, não se diferencia tanto de processos que ocorreram nas Américas e na Europa: a nação é construída a partir de um processo vertical, onde o estado e a elite política difundem um nacionalismo que, se "às vezes assimila culturas já existentes e as transforma em nações, às vezes as inventa e frequentemente as destrói" (Gellner *apud* Macagno, 2005: 11).

De acordo com a minha análise, o esforço de Macamo em desconstruir determinados pressupostos

– a nação em África é forjada, os africanos não compartilham uma identidade nacional, os conceitos da sociologia não dão conta da realidade africana porque esta é essencialmente distinta – a partir das análises comparativas insere-se numa discussão mais complexa. Ela diz respeito ao "patamar" de civilidade alcançado pelo homem ocidental, o "homem universal", em contraposição ao lugar que os povos colonizados ocupam na história da humanidade. Embora esta seja uma discussão que se acreditasse ter sido superada com as independências africanas, é ainda muito problemática.

A abordagem de Macamo é uma forma de se opor ao discurso cristalizado no imaginário social de que os africanos são essencialmente diferentes. Construir um discurso de igualdade passa pela afirmação de que todos podemos realizar os mesmos feitos. Não entendo a defesa do autor em relação à existência da nação moçambicana de forma normativa, como se este acreditasse que a África está a seguir uma linha evolutiva unidirecional e inevitável, onde a consolidação do estado-nação se torna mais um imperativo. Acredito que, ao fazer comparações com outras realidades sociais, o autor tenta desmistificar a ideia de que existem realidades ideais, demonstrando que as dificuldades e arbitrariedades do projecto nacional moçambicano estão presentes em outras tentativas ao longo da história da humanidade.

Nesta direcção, também não entendo a defesa de

Macamo pelo fortalecimento da ciência em África como fruto da suposição de que esta seria um saber superior, mas apenas da afirmação de que é um saber igualmente válido para compreender aquela realidade e que os africanos são igualmente capazes de produzi-lo. É, também, uma disputa dentro de um campo onde os intelectuais africanos são largamente relegados aos estudos locais, tidos como incapazes de produzir conhecimento que possa nortear estudos universais[13]. Da forma como concebo o posicionamento do autor, retirar-se deste campo de produção de conhecimento significaria assumir certa diferenciação nas capacidades do africano ou nas suas realidades. Por outro lado, Macamo faz uma leitura da conjuntura em que a África está inserida hoje, para ele, um mundo em vias de modernização. A adopção de princípios da racionalidade científica aparece como um processo de inclusão numa ordem cultural, política e económica global. Negar esta inclusão significaria uma forma de auto-exclusão, perpetuando-se no lugar do "outro". Segundo o autor:

A produção sistemática do conhecimento social está estreitamente ligada à modernidade e à

13 Refiro-me à divisão da produção científica na ordem global, onde os centros são responsáveis pela produção teórica e às periferias é relegada a missão de produzir dados ou um conhecimento ilustrativo. Em relação a este debate, ver Hountoundji (1994; 2010).

tendência desta última de colocar o indivíduo
e o seu meio social em tensão. Entende-se
modernidade aqui não num sentido normativo,
mas sim na óptica de Bjorn Wittrock, um
cientista político sueco, que a define como
uma série de "notas promissórias", isto é, como
algo imanente à espera de ser realizado. A
modernidade, nesta perspectiva, não liberta nem
emancipa ninguém do jugo do social, mas sim
coloca essa possibilidade e deixa tudo ao critério
de cada indivíduo (Macamo, 2002: 3)

Esta afirmação revela tanto a compreensão do
autor sobre a modernidade, como a forma que este
concebe a produção da sociologia e de que modo
esta se relaciona com o estatuto moderno. Macamo
entende a modernidade como a complexificação da
realidade social a partir da tensão que os indivíduos
estabelecem com o meio social em que estão
inseridos. Neste sentido, a integração da África
no sistema mundial e as tensões que o continente
estabelece com o paradigma da modernidade
revelam-se como condições objectivas da reflexão
sobre a constituição da realidade e estas condições
objectivas obrigam-nos a interrogarmo-nos
sobre elas (Macamo, 2002: 7). As tensões que se
estabelecem no contacto com o universo valorativo
moderno europeu constituem, elas mesmas, a
própria modernidade, da forma como o conceito é

entendido por alguns autores (ver Kumar, 2006).[14]

Estas tensões despertam a necessidade de interrogação que dá lugar a uma reflexão coincidente com aquilo que o autor define como "saber africano", que é um tipo de reflexão "que consiste na projecção duma ideia de África no futuro a partir da confrontação entre o indivíduo e as condições objectivas da sua existência no momento actual" (Macamo, 2002: 6). Para Macamo, uma sociologia das sociedades africanas deve ser compreendida nesta perspectiva. De modo que,

> a questão de saber em que consistiria uma sociologia das sociedades africanas não se coloca, em princípio, ao nível da definição duma essência africana que iria disponibilizar o objecto de estudo. [...] esta trata-se de uma perspectiva epistemológica que não pode fundamentar uma sociologia africana porque demasiado redutora e limitante [...] a questão coloca-se ao nível das

---

14 Na minha interpretação, Macamo propõe que o contacto da África com o europeu não se dá na forma do contacto da tradição com a modernidade, numa relação em que a primeira sucumbirá necessariamente diante da segunda, e sim a partir da complexificação da realidade causada a partir da tensão que os novos referenciais normativos estabelecem com aqueles que estavam postos. Para o autor, isto é a modernidade: não é uma amálgama de costumes e valores trazidos pelo colonizador, ela estabelece-se a partir desta tensão. Esta discussão será retomada no próximo capítulo.

condições de possibilidade duma reflexão sobre
o social em África (Macamo, 2002: 7)

Assim, a modernidade configura-se pelas tensões
que constituem o presente, e a sociologia, como um
saber que interroga a realidade, o senso comum e
todos os pressupostos valorativos da sociedade em
que estamos inseridos. Para o autor, a sociologia
não liberta, ela não aparece como uma forma de
buscar respostas aos dilemas que a África enfrenta
hoje, ao menos não a partir de uma reflexão
normativa. A sociologia deve ser entendida como
uma reflexão analítica. É a partir da problematização
das tensões sociais que a sociologia pode vir a
nortear a construção de um futuro para o continente
africano na elaboração das suas próprias respostas.
Nas palavras do autor: "Ela cria as condições para a
identificação de soluções a partir da clarificação dum
problema" (Macamo, 2002: 7).

O sociólogo não entende a adopção do discurso
das ciências sociais como um processo de dominação,
mas sim como algo que está incluído nos processos
de transformação com os quais Moçambique se
confronta inevitavelmente. O seu argumento
consiste em afirmar que a realidade africana não
é mais problemática que outras realidades e não
se caracteriza pela estagnação, por isso, não é
incompatível com as análises das ciências sociais.

Severino Ngoenha, por outro lado, questiona

os sentidos da própria produção de conhecimento científico. Em que direcção nos deve levar o saber? Como o mesmo afirma, "vivemos numa época em que se esvazia o quadro axiológico que até aqui servia de referência para as sociedades ditas tradicionalmente modernas e, no seu lugar, restam simplesmente poderes mercantis e economicistas" (2000: 20). Dentro deste contexto global pessimista, o que o conhecimento científico tem a dizer sobre o nosso contexto local e como ele pode ajudar-nos a superar os nossos problemas específicos? Acredito que o pensamento de Ngoenha se estrutura a partir destas questões.

O filósofo que ele pretende ser, nas suas próprias palavras, é um filósofo "encarnado" (Ngoenha, 2012), que pensa a filosofia a partir do lugar em que se insere e este lugar é primeiramente Moçambique, mas também é a África. Um dos primeiros desafios e incumbências de se reflectir a partir da África é desconstruir um dos pressupostos epistemológicos que estiveram na base da filosofia ocidental, o "não ser" do homem africano. Por isso, para Ngoenha, "a nossa afirmação tem que vir depois da negação de alguma coisa e a negação desta coisa é negar que nós não somos" (Ngoenha, 2012). Este pressuposto precisa ser desconstruído para que seja possível afirmar-se como afirmação de si mesmo e não como negação do outro. A filosofia que Severino Ngoenha aspira, assim como a sociologia proposta por

Macamo, parece ter em seu cerne a desconstrução dos pressupostos que inferiorizam o africano, porém, seguindo directrizes distintas.

Ngoenha percebe duas formas de se fazer filosofia, uma a partir de cima para baixo, isto é, olhar para a realidade a partir de uma conceptualização teórica; e outra a partir da realidade concreta e, daí, subir para a conceptualização, o que isso significa perceber quais são as questões que esta realidade nos coloca. A sua concepção é de que em África a filosofia deve partir daquelas particularidades, por isso se confronta com questões que se distanciam de perguntas clássicas como "o que é o homem?" ou "o que é a verdade do homem?". Em África a pergunta parece ser se a filosofia tem alguma coisa a dizer sobre a pobreza, por exemplo, sobre "a dificuldade que nós temos de alimentar as populações, [a dificuldade] que nós temos de produzir, [as dificuldades] da agricultura [...] a filosofia é, ou pode ser, para isso" (Ngoenha, 2012).

Neste sentido, a sua preocupação ao escrever como filósofo é projectar o futuro de todo um povo (Ngoenha, 2000: 7), o povo moçambicano, em primeira instância, e o povo africano. Isso fica claro quando a discussão acerca da construção da nação moçambicana e da moçambicanidade entra em cena. O filósofo coloca um pertinente questionamento a partir do seguinte pressuposto: a existência da nação moçambicana não significa a razão de sua existência.

Isto significa, a partir da minha interpretação, que embora ele concorde com Macamo ao afirmar que a nação moçambicana já existe e que os debates subsequentes devem debruçar-se sobre os desdobramentos dessa consolidação, o que o filósofo traz à tona é que a sua existência, em si, não é suficiente para a justificar. Em 1962, como projecto político, a ideia de moçambicanidade justificava-se pela busca da liberdade das diferentes etnias que integravam o território colonizado pelo Estado português. A unidade, apesar das tantas diferenças, era uma condição necessária para a independência. Será que hoje Moçambique tem alguma razão de ser?

> O problema não está tanto no projecto como na capacidade dos actores políticos e sociais em reinterpretá-lo e em reelaborá-lo em função dos problemas e das circunstâncias de hoje [...] A tarefa de reinterpretação do projecto da moçambicanidade cabe necessariamente às populações. Quanto à sua reelaboração, ela deve ser obra dos intelectuais. Desde a sua génese (caso Dreyfus), a elite intelectual está intrinsecamente ligada ao compromisso político e social (Ngoenha, 1998: 27).

Mais do que como um dado adquirido, a moçambicanidade é vista pelos dois autores como um processo. Para Macamo (1996), como um projecto que, embora possa conter algumas dificuldades, "superará necessariamente o tribalismo" e que integra a marcha da modernidade na qual Moçambique está inserido (Macamo, 1996: 364). Para Ngoenha, como uma herança e um dever que precisa ser realizado pelos moçambicanos e pelos intelectuais moçambicanos na busca do seu sentido.

Ngoenha escolhe um caminho diferente de Macamo para problematizar a construção da nação moçambicana. O primeiro ponto que os distingue é a legitimidade que os autores dão aos modelos exógenos, neste caso, o conceito de nação. Para Macamo, os dilemas encarados pela sociedade moçambicana não enfraquecem o projecto porque são dilemas que surgiriam em qualquer contexto. Estas dificuldades não se revelam como factores de questionamento da viabilidade do modelo e da sua adequação àquela realidade. A questão que se coloca, para Ngoenha, é se a consolidação da nação moçambicana pode, independentemente do que se desenrolou em outros contextos, vir a satisfazer as necessidades políticas, económicas, e sociais dos moçambicanos (Ngoenha, 1998: 19).

O filósofo nega o modelo europeu como um futuro inevitável ou como modelo lapidado. O problema não está na inadequação dos estados africanos em consolidarem-se enquanto estado-nação, mas sim na pretensa universalidade do modelo, como se este fosse necessariamente culminar em algo positivo para aquelas comunidades. Em relação aos debates sobre a democracia representativa em Moçambique, modelo que o autor também considera arbitrário, ele afirma:

> Não são as culturas que se têm de adaptar a todo custo a modelos, que responderam ao génio próprio de certos povos num determinado momento da sua história, mas os modelos que se têm que forjar a partir das culturas. Isto significa que nós temos de inventar um modelo de sociedade que nos seja próprio, um modelo que corresponda às nossas culturas, às nossas sensibilidades, um modelo capaz de mobilizar o conjunto de moçambicanos a participarem não só nas eleições, mas na vida integral da sociedade moçambicana (Ngoenha, 2011: 28)

De acordo com a minha leitura, os autores parecem estar de acordo em relação ao facto de que o sucesso do estado em garantir aos seus cidadãos condições em que estes possam solucionar os seus problemas determina o sucesso de um projecto nacionalista (Macamo, 1996). Mas parecem divergir em relação às directrizes da reflexão que devem tomar diante dos problemas encontrados na consolidação da nação moçambicana e diante das possíveis alternativas que podem nortear a superação destes problemas. Para Macamo (1996: 360), o desafio intelectual

de se debruçar sobre esta problemática deve ser
o de explicar as convulsões internas duma nação,
as convulsões que a desestabilizam. O sociólogo
parece incumbir-se do dever de observar e analisar as
dificuldades encontradas para esta consolidação, mas
não questiona a validade do projecto.

Ngoenha coloca em cheque a legitimidade do
projecto nacional ao questionar se este poderá
contribuir para solucionar os problemas dos
moçambicanos. Parece-me que, para ele, o facto da
construção das nações europeias também ter-se dado
de forma problemática, mas posteriormente terem
superado algumas destas questões de forma a garantir
as necessidades de seus cidadãos não significa que
o modelo irá, no futuro, necessariamente satisfazer
as necessidades da realidade moçambicana. Se o
projecto falha e não tem condições de garantir um
futuro decente para os moçambicanos, ele já não tem
uma razão de ser. Se o projecto não tem uma razão
de ser, o desafio é outro: criar novos modelos através
dos quais seja possível superar os problemas.

É interessante perceber que, ao afirmar que a
moçambicanidade é uma herança e um dever,
Ngoenha (1998: 17) diz também que, "enquanto
herança histórica, ela é objecto de estudo das ciências
sociais; enquanto dever histórico, é susceptível de
uma abordagem filosófica" embora tenha em vista
que "um olhar para o futuro, para que não seja vazio,
deve alimentar-se do passado. Assim, uma análise

filosófica do 'dever ser' serve-se dos resultados das ciências sociais".

Como afirma Weber (apud Cohn, 1979: 21), "qualquer análise reflexiva dos elementos últimos da ação significativa humana está em princípio ligada às categorias de 'fim' e 'meio'" e "o domínio das questões relativas ao ser é radicalmente diverso daquele do dever ser" (Cohn, 1979: 20). Neste sentido, os campos de reflexão da sociologia e da filosofia podem ser entendidos como essencialmente diferentes.

A afirmação de Ngoenha recai sobre a questão da legitimação das disciplinas a partir da defesa dos seus campos teóricos e metodológicos. Esta questão torna-se pertinente quando estamos a discutir a obra de dois autores que inserem-se em campos distintos. No início do capítulo coloquei um questionamento: esta diferenciação, em si, justifica as diferentes abordagens dos autores? Os autores não colocam em questão a delimitação dos campos em que estão inseridos, eles assumem estes lugares. Não concebo que a delimitação destes campos seja algo imanente, por isso, por detrás das questões referentes aos campos de actuação específicos em que os autores inserem-se, está a legitimidade que estes dão à delimitação destes campos. Uma vez que, eles parecem legitimar esta delimitação, não me parece equivocado afirmar que esta delimitação tem uma influência fundamental nas suas reflexões e na escolha dos temas sobre os quais estes se propõem a reflectir.

Elísio Macamo e Severino Ngoenha concordam que o domínio das ciências sociais é o dos meios, não o dos fins. Os dois parecem comungar a ideia de que os cientistas sociais devem constatar e analisar a realidade posta, não a extrapolando. Da forma como eu concebo as reflexões dos autores, isso não significa dizer que a nossa produção se resume a uma simples "catalogação" da realidade. Para questionar a realidade em que vivemos não precisamos dar veredictos sobre o mundo, as nossas perguntas já o fazem de uma forma bastante intrigante. Posso até concordar que seja difícil apontar saídas dentro da nossa produção teórica (embora eu não ache que isso seja impossível), mas a forma como construímos as nossas argumentações teóricas e como nos interrogamos sobre a realidade já é um posicionamento político e pode servir para questionar ou legitimar a ordem em que vivemos.

Ngoenha acredita que a filosofia deve propor-se a reflectir sobre o *dever ser*, extrapolando a realidade existente. "Os filósofos não podem limitar-se a dizer como estão as coisas ou como elas podem ser. A filosofia tem a função de pensar a maneira como as coisas deveriam ser e o que os cidadãos devem fazer para atingir fins sociais e históricos desejáveis" (Ngoenha, 1998: 18).

Embora Ngoenha aponte divergências na sua concepção das actividades dos cientistas sociais e dos filósofos, para além dos campos específicos de actuação destas áreas está a forma como o filósofo concebe o papel do intelectual numa sociedade. Para Ngoenha, o intelectual deve estar engajado nas questões políticas da sociedade. O intelectual não é aquele que "sabe muito", intelectualidade não significa erudição ou enciclopedismo, significa uma preocupação com questões éticas que o levam a tentar influenciar a sociedade em que está inserido. Como o próprio afirma, o seu dever enquanto intelectual é projectar o futuro duma nação. Esta projecção parte da interrogação sobre o presente e o passado, mas também de uma contestação criativa sobre os planos do futuro.

No recorte da obra de Macamo aqui analisado o autor não discute a questão do intelectual e por isso torna-se difícil apontar posicionamentos do autor nesta discussão. Todavia, é possível tirar algumas ilações a partir da sua própria actuação. Embora Macamo afirme em vários momentos que o sociólogo deve ater-se ao campo da sociologia, analisando a realidade dada e não tentando solucionar os problemas desta realidade, o intelectual que ele personifica não se abstém da sua responsabilidade política e social, é um formador de opinião e se mostra activo nos debates políticos do país. Isto pode ser percebido, por exemplo, a partir das suas contribuições nos meios de comunicação social em Moçambique. Macamo parece separar o sociólogo do político, encarnando uma perspectiva

weberiana de cientista social ao manter-se rigoroso
em relação à neutralidade axiológica que o cientista
social deve adoptar. Na percepção de Weber, "uma
ciência empírica não está apta a ensinar ninguém
aquilo que 'deve', mas sim, apenas aquilo que
'pode' e – em certas circunstâncias – aquilo que
'quer' fazer" (Weber *apud* Cohn, 1979: 21) e isto se
reflecte claramente no posicionamento de Macamo
em relação ao papel da sociologia no processo de
resolução dos problemas sociais em Moçambique.
É possível interpretar que, para autor, o intelectual
deve ter um compromisso político e social. Enquanto
cientista social, entretanto, não cabe reivindicar um
carácter imperativo para as suas conclusões e os seus
posicionamentos políticos não devem, tampouco,
invadir o campo de sua produção teórica. Macamo
parece adoptar para si uma missão diferente da do
filósofo: contribuir para a consolidação do campo
de produção sociológica no país, incitar debates
que problematizem esta produção e que possam
contribuir para leituras desmistificadas da realidade.

4   Interrogando a modernidade

Algumas interpretações sobre o conceito

A modernidade estabelece o limite entre o passado e o presente, ela representa uma ruptura com a ordem vigente e o surgimento de uma nova ideologia de vida. O termo foi utilizado em diferentes contextos para se referir a momentos de transição em que emergiam novas consciências e valores. A modernidade em seu sentido literal representa, pois, o novo e o actual em contraposição às tradições vigentes – que, por sua vez, também já representaram o novo.

Posteriormente, o termo modernidade passou a representar uma delimitação temporal específica. Embora não haja consenso acerca do marco que determina o início da era moderna, é comum situá-lo entre fins do século XVII e século XVIII, por vezes tomando-se como referência o Renascimento, a Revolução Científica, o Iluminismo europeu, a Revolução Industrial ou as revoluções políticas burguesas – notadamente a Revolução Francesa. Esses processos de transição não podem ser entendidos separadamente, por isso, o conjunto de transformações que eles ultimaram é normalmente entendido como o despontar de uma nova consciência, a consciência moderna.

A entrada para a era moderna representa uma verdadeira reestruturação nas bases da sociedade europeia. "Tudo que é sólido se desmancha no ar", a célebre frase de Marx e Engels, que também dá nome à reflexão de Berman (2007) sobre a modernidade, é por si só esclarecedora do que se entende sobre a época: um momento de grandes transformações na política, na economia, na cultura, nas concepções de tempo e espaço. O momento caracteriza-se pela consolidação dos estados-nação, com a centralização das ordens legal, fiscal e administrativa. A cidade rouba a cena do campo, o mundo moderno é aquele de Paris de Baudelaire, com suas largas avenidas pelas quais transitava um grande número de pessoas sem identidade, sua paisagem é composta por engenhos a vapor, ferrovias e amplas zonas industriais. A internacionalização da economia se fortalece, o fluxo de informações adquire outra velocidade, bem mais intensa, e a comunicação dá os primeiros passos para sua integração em escala global (Berman, 2007).

O século XVIII secularizou o conceito judaico-cristão de tempo, transformando-o em uma filosofia dinâmica da história, o que representou o nascimento do que se acreditava ser a era de progresso humano sem fim e sem precedentes na história. Acreditava-se que o aprimoramento da técnica atingiria um nível tal que todos os problemas da humanidade seriam solucionados. O progresso culminaria numa sociedade ideal e a "razão" é o centro desta nova era: foi através do uso desta razão que o homem moderno atingiu o patamar de desenvolvimento em que se encontrava e esta o levaria certamente ao bem-estar pleno da humanidade. O sujeito moderno parecia implacável (Kumar, 1997).

Dessa forma, modernidade passou a representar um conjunto específico de características que partilham da herança comum da cultura judaico-cristã como também estão ligadas às experiências históricas ocorridas na Europa naquela demarcação temporal específica. A modernidade, que representava a interrogação do passado e do presente, passa a representar a interrogação da existência do "outro" não ocidental através dos preceitos ocidentais.

Algumas perspectivas teóricas, notadamente aquelas que propõem a ideia de modernidades múltiplas ou alternativas, sugerem que a modernidade deve ser vista como um projecto mais variado. Estas propostas agregam correntes distintas, alguns teóricos colocam em cheque a prioridade e primazia do modelo geral ocidental da modernidade, questionando a reivindicação do ocidente de ter inventado a modernidade e afirmam que a modernidade é fruto do desenvolvimento histórico de toda a humanidade. Outros aceitam essa precedência histórica, mas discordam das teses de convergência da modernidade, segundo as quais os processos de modernização culminariam na homogeneização do mundo (Kumar, 2006). Segundo a explanação de Kumar, o desafio intelectual desses teóricos é questionar o próprio significado do termo. Neste sentido, "o ocidente pode ter inventado a modernidade, mas não patenteou o modelo nem determinou a forma final que ele deve assumir" (Kumar, 2006: 37). Parafraseando Eisenstadt, ele afirma que "os desenvolvimentos concretos das sociedades em processo de modernização refutaram o pressuposto homogeneizante e hegemónico do programa ocidental da modernidade" (Kumar, 2006: 37). Neste sentido, tornar-se moderno não significa tornar-se ocidental.

Na contrapartida desta segunda proposição está o argumento de que a modernidade foi marcada, desde o princípio, por antinomias e contradições internas. A "autocorrecção" e a "racionalidade discursiva" seriam um indicativo do seu alto grau de reflexividade, o que possibilitou às sociedades ocidentais monitorar seu próprio desenvolvimento e produzir padrões de divergência e diversidade entre elas mesmas. Seria exactamente esta característica da modernidade que proporcionaria a variação dos padrões das modernidades não-ocidentais. De acordo com Kumar,

> Não é o caso de termos modernidades ocidentais versus modernidades não ocidentais. O Ocidente inventou – é correcto conceder-lhe a prioridade histórica – um padrão de modernidade que foi desde o início diversificado e capaz de abrigar múltiplas direcções de desenvolvimento. As sociedades não ocidentais dão continuidade a esse padrão de diversidade, muitas vezes com ferramentas emprestadas pelo Ocidente, mesmo quando imaginam estar se desviando fundamentalmente do modelo ocidental (Kumar, 2006: 40)

A busca das raízes do estatuto moderno parece ser uma discussão interminável. Ao tentar demonstrar as origens diversas dos preceitos modernos, tenta-se criar uma interpretação global do termo, que mostre os papéis desempenhados por muitas sociedades, orientais e ocidentais, na lenta evolução do que hoje chamamos de modernidade. Os defensores da origem europeia do projecto moderno comummente argumentam que, embora tenha havido em outras sociedades o despertar de algumas características modernas – China, Eurásia, Japão (Kumar, 2006: 35-

38) – estas sociedades não teriam agregado todos os valores modernos e as suas incipientes modernidades não teriam chegado a atingir o patamar completo da modernidade, por isso constituem uma espécie de "proto-modernidade". Isso significa que a modernidade enquanto tal teria existido pela primeira vez em solo europeu e esta prioridade temporal teve um efeito determinante sobre os tipos de sociedades modernas que se formaram em outros lugares. O fato de ter-se manifestado primeiramente em solo europeu teria estabelecido o padrão básico de modernidade para todas as tentativas posteriores.

O argumento em si parece-me completamente eurocêntrico, porque ele apenas reafirma o processo de dominação historicamente vivenciado. É óbvio que não houve em nenhum outro lugar, antes da Europa, uma união de todas aquelas características que vieram a constituir a modernidade ocidental. Não houve simplesmente porque o modelo é extraído de uma situação histórica específica e esta situação histórica específica não poderia ter existido, anteriormente, em nenhum outro lugar por uma razão simples: é uma situação histórica específica. A Europa agrega todas as características da modernidade porque esta é uma criação europeia. Isso não significa que a união dessas características seja uma união ideal, significa apenas que foi extraído de um contexto histórico específico um modelo político, económico e cultural e este modelo foi exportado para o mundo mediante uma violenta dominação realizada pelos processos de colonização e de exploração capitalista. O meu posicionamento é de que a modernidade é, de facto, europeia. O que deve ser questionado é a supremacia do modelo e suas consequências. Normalmente esta universalização é tomada como algo natural (e ser tomada como natural supõe uma superioridade imanente), mas não o é, ela é fruto de uma violência política, económica e militar. Como afirma Kumar, uma das características que diferenciam a modernidade ocidental das "proto-modernidades" que existiram em outras partes do mundo é justamente a sua maturidade económica e militar, nunca antes vistas.

Ironicamente, esta maturidade económica só foi possível a partir da exploração perpetrada pelo ocidente ao "resto" mundo. É por isso que teóricos como Mignolo acreditam que o processo de colonização é parte integrante da modernidade. Maldonado-Torres afirma que um olhar desatento costuma dissociar a modernidade dos processos de colonização – porque um refere-se ao tempo (o moderno) e o outro ao espaço (expansionismo e controle das terras). Todavia, são processos que se complementam e constituem, na verdade, um "mundo colonial/moderno" (Mignolo *apud* Maldonado-Torres), que é outra forma de conceber a nossa narrativa histórica.

A expressão mundo colonial/moderno convoca
todo o planeta, na medida em que contempla,
em simultâneo, o aparecimento e expansão do
circuito comercial atlântico, a sua transformação
com a Revolução Industrial, e a sua expansão
para as Américas, Ásia e África. Além disso, o
mundo colonial/moderno abre a possibilidade
de contar histórias não só a partir da perspectiva
do 'moderno' e da sua expansão para o exterior,
mas também a partir da perspectiva do 'colonial'
e da sua posição subalterna (Mignolo *apud*
Maldonado-Torres, 2010: 415).

A relação entre os territórios colonizados e o
paradigma da modernidade torna-se problemática
porque o conjunto de características que
constituem o ideal moderno tornou-se sinónimo de
desenvolvimento e às sociedades não ocidentais não
é apenas imposto seguir esta linha unidireccional
de desenvolvimento, como também, a ausência
destes preceitos em suas realidades é o que passou
a justificar a intervenção colonial. Como afirma
Chatterjee em relação à dominação colonial britânica
na Índia,

Tornaria-se um lugar-comum na retórica
colonial afirmar que os britânicos estavam na
Índia para melhorá-la, para civilizá-la, para
torná-la adequada ao mundo moderno, para dar

a ela o Estado de direito e as estradas de ferro,
Shakespeare e a ciência moderna, hospitais e
parlamentos, até que no fim, em uma virada
quase ridícula da ironia histórica, fosse declarado
que os britânicos tinham estado na Índia para
tornar os indianos aptos para o auto governo,
o que significa que eles tinham primeiro de
ter a sua autonomia roubada de forma a se
qualificarem a recebê-la de volta dos ladrões
(Chatterjee, 2004: 31)

A nossa "não modernidade" era o que justificava
todas as atrocidades cometidas durante os processos
de colonização, a nossa "não modernidade" era
o que nos infantilizava e nos tirava a autonomia
sobre os nossos destinos, pois não saberíamos como
projectá-los, necessitávamos de tutela. Era ela que
fundamentava o que Chatterjee chama de "regra
da diferença colonial", o que significa basicamente
que a universalidade dos direitos humanos europeus
não era válida nos territórios coloniais em razão
de algum tipo de "deficiência moral" inerente às
nossas culturas. O mais irónico é que esta "excepção
não invalidaria a universalidade da proposição;
ao contrário, ao explicar as normas pelas quais a
humanidade universal deveria ser reconhecida, ela
fortaleceria seu poder moral" (Chatterjee, 2004: 23).
   A consequência desse discurso é a ilusão de que a
superação da colonização se daria através da entrada

na modernidade. Maldonado-Torres (2010: 411) desvenda esta ilusão ao alertar que a modernidade enquanto tal sempre esteve intrinsecamente associada à experiência colonial. A crença de que a modernização nos afastaria do nosso legado colonial de pobreza e injustiças sociais é a crença na realização da promessa colonial e, na minha concepção, reafirma o discurso de que a Europa teria conquistado os "territórios selvagens" para nos tornar aptos à humanidade. Esta crença detém-se apenas nas desigualdades sociais, que são fruto desse processo, não questiona a colonização das nossas mentes que também foi realizada pelo colonialismo, que nos bloqueia a possibilidade de pensar o sentido da nossa própria existência, o nosso sentido da nossa própria existência e continua a relegar-nos a meros seguidores de instruções alheias, de ideias alheias.

A modernidade em Macamo e Ngoenha

Procurei seleccionar entre as obras dos autores, além daquelas em que estes problematizam questões referentes à produção de conhecimento, aquelas em que estes definem o que entendem por modernidade e discutem de que modo o conceito pode servir para reflectir sobre a realidade moçambicana. Para tal, entre as obras de Elísio Macamo foram seleccionadas *A nação moçambicana como comunidade de destino*

(1996); *A influência da religião na formação de identidades sociais no sul de Moçambique* (1998); *Black Gold, Social Change and Reflexivity: Sociology avant la letter in Mozambique* (2002); *Negotiating Modernity: from colonialism to globalization* (2005a) e *Denying Modernity: The regulation of native labour in colonial Mozambique and its postcolonial aftermath* (2005b). Entre as obras de Severino Ngoenha foram seleccionadas *Por uma dimensão moçambicana da consciência histórica* (1992); *O Retorno do bom selvagem: uma perspectiva filosófico-africana do problema ecológico* (1994); *Identidade moçambicana: já e ainda não* (1998); *Estatuto e axiologia da educação: o paradigmático questionamento da Missão Suíça* (2000) e *Por um pensamento engajado* (2011). Os textos versam sobre temas distintos, porém, estão ligados entre si por problematizarem esses temas a partir da relação que o continente africano estabelece com a modernidade.

Para Elísio Macamo (2005; 1998; 1996), a África e Moçambique são conceitos modernos. Na sua perspectiva, estes são conceitos modernos porque a construção de uma identidade africana e de um projecto político africano é resultado do confronto do continente com as condições trazidas à tona pela sua entrada forçada na história europeia, isto é, pela intervenção colonialista. Isso não significa afirmar que a Europa levou a modernidade para a África, mas que este contacto gerou as condições históricas que culminaram com a criação das concepções actuais de África e Moçambique e, ao complexificar as relações que os africanos estabeleciam com as suas instituições tradicionais, acabou por gerar uma reflexividade tipicamente moderna.

Todavia, não teria o processo de intervenção colonial exactamente negado esta modernidade aos povos africanos ao inferiorizá-los e categorizá-los como selvagens? Para Macamo é este antagonismo da intervenção colonial que dá o tom da ambivalência sobre a qual se construiu a experiência moderna em África. A experiência é ambivalente porque o colonialismo, ao mesmo tempo em que foi o cenário que trouxe novas referências normativas ao africano, colocando o indivíduo em tensão com o seu meio social, negou esta modernidade aos africanos a partir da negação da sua igualdade, infantilizando-os e colocando-os sobre a sua tutela. Foi a partir desse quadro ambivalente que os africanos negociaram sua modernidade. Por isso, a construção de uma identidade africana no diálogo com a modernidade é resultado tanto do colonialismo quanto da forma como os africanos reagiram a esta intervenção. Diferente de algumas perspectivas que tendem a enfatizar o papel do colonizador na construção da representação de uma identidade africana, negando o papel central dos africanos na criação da sua própria realidade, Macamo considera mais interessante assumir que a África é fruto tanto das acções dos africanos como dos não-africanos dentro do fluxo da história (Macamo, 2005a). A seguir apresento algumas interpretações do autor acerca de como se deram estes processos.

O projecto colonial tinha como uma das suas premissas a justificativa de que estaria entrando no novo mundo para o civilizar. Em Moçambique a exploração colonial, num primeiro momento, centrou-se basicamente na exploração da mão-de-obra existente neste território. Esse feito foi realizado a partir da regulação do trabalho indígena. A regulação do trabalho tinha como justificativa este mesmo discurso "civilizador". O trabalho forçado não era tido como fruto de uma política de exploração, mas de uma política civilizadora. Assumia-se que era preciso forçar o africano a trabalhar para que este se adequasse ao estilo de vida moderno, que tinha no trabalho um importante alicerce (Macamo, 2005b: 70). Para que este projecto funcionasse, o africano precisava ser moderno o suficiente para ser integrado ao sistema capitalista global, mas não poderia ser moderno o suficiente para reivindicar seus direitos. Por isso, o governo colonial pretendia que a mudança nas relações de trabalho não fosse acompanhada de transformações no estilo de vida e nos valores dos indivíduos. O colonialismo cristalizou a ideia de uma sociedade africana primordial, que era primitiva, e durante toda a ocupação portuguesa em Moçambique essa sociedade africana primordial era resgatada à medida que fosse necessária para negar a autonomia ao africano.

Em 1869, como resultado da pressão internacional que passou a condenar a escravidão e o trabalho forçado, estes foram oficialmente abolidos nas colónias portuguesas.[15] Em 1879, as colónias portuguesas passaram a ser consideradas províncias ultramarinas de Portugal. Com esta mudança, não havia distinções legais entre europeus e africanos, isso significa que as leis civis que regiam a vida dos portugueses passavam também a aplicar-se aos portugueses que moravam em África e aos africanos, que se haviam tornado portugueses em virtude da ocupação portuguesa de seus territórios (Macamo, 2005b: 71).

---

15 Em 1869, criou-se a situação jurídica dos "libertos" em que os ex-escravos passavam à situação de "contratados", mas continuavam vinculados aos antigos proprietários. Em 1878, substituiu-se o trabalho dos "libertos" pelo trabalho "contratado" sem vínculos, e introduziu-se a categoria de "vadio" (em analogia à legislação da metrópole). Essa categoria estipulava que ninguém poderia ser obrigado a ser contratado, com excepção dos "vadios". Como afirma Cabaço (2009: 108), "numa economia em que a maioria dos autóctones vivia em regime considerado de subsistência – trabalho não assalariado –, quase toda a população podia ser discricionariamente englobada na categoria jurídica do "vadio" e, portanto, forçada ao "contrato", de acordo com as necessidades dos colonos". O que se percebe é que, embora tenha sido declarado o fim da escravidão, na prática isso não alterava radicalmente as relações sociais. A própria legislação portuguesa sempre criou "brechas" para que o trabalho forçado não fosse abolido completamente.

Em Moçambique, porém, as pretensões portuguesas ainda eram fortemente ameaçadas pelas lideranças políticas locais. Isso fez com que os oficiais portugueses perdessem todas as ilusões acerca das vantagens das políticas assimilacionistas e clamassem por reformas na postura que o estado português vinha tendo. Diante deste cenário, em 1899, o governo português aprovou o Regulamento do Trabalho Indígena, uma lei que tinha na sua concepção a justificativa de que obrigar os africanos a trabalhar era a única ferramenta que o governo português tinha para os civilizar. O Regulamento do Trabalho Indígena distanciava-se notavelmente do ideal de igualdade entre portugueses e africanos estabelecidos em 1879. Embora aceitasse que os africanos fossem tão portugueses como os portugueses de Portugal, a lei argumentava que estes se distinguiam em relação ao seu grau de civilização e, por isso, as leis que regiam a vida dos portugueses não poderiam reger a vida dos africanos, para o seu próprio bem. Teoricamente, a política de assimilação, dava a qualquer africano a chance de se tornar assimilado. Os africanos deixavam de ser iguais para se tornarem potencialmente passíveis de se tornarem iguais e este era um processo longo. Os atributos necessários para se alcançar a assimilação eram quase impossíveis de ser atingidos: o indígena precisava falar, ler e escrever em português, ser cristão, ter abandonado costumes nativos como a poligamia e

crenças na magia, comer na mesa e falar português
com seus próprios filhos (Macamo, 2005b: 72-80).

Como afirmou Eduardo Mondlane, a política
assimilassionista só aceitava o africano enquanto
pessoa na medida em que este renunciasse a si
mesmo (Mondlane *apud* Macamo, 2005b: 80-81).[16]
Este dilema é representativo da promessa que é feita
pela intervenção colonial aos africanos, promessa
esta de emancipação e modernização, nunca
cumprida. A relação que o estado colonial estabelece
com os africanos sempre pautou por apontar as
directrizes necessárias para que este alcançasse o
estatuto moderno – e isso servia como uma forma
de regulação – e, ao mesmo tempo, desenvolver
mecanismos para que os resultados nunca fossem
alcançados.

Segundo Macamo, as novas relações de trabalho
geradas pela regulação do trabalho trouxeram para o
africano a necessidade de um novo código social que
desse conta dessas transformações. As possibilidades
de comércio à longa distância, o emprego de
moçambicanos junto aos europeus no porto de
Lourenço Marques e as migrações, entre outros
factores, teriam dado outras referências normativas

---

16 "Eduardo Mondlane, a Mozambican sociologist and anthropologist,
who fought for the independence of Mozambique from Portugal,
would write, in the 1960s, of the Portuguese assimilassionist policy
that it only accepted the African as a person if the African renounced
himself" (Macamo, 2005b: 80-81).

aos indivíduos e a sociedade tradicional já não se mostrava capaz de fornecer um quadro normativo que orientasse a conduta da vida individual naquele contexto (Macamo, 1998).

Para o autor, o papel da Missão Suíça foi muito importante na resolução deste impasse. A religião protestante proporcionou a alguns indivíduos "a possibilidade de continuarem o processo de cultivo individual dentro dum contexto normativo mais adequado à sua situação" (Macamo, 1998: 53). Entre os moçambicanos, a religião permaneceu como um acto profundamente individual, "ela serviu para dar sentido à existência individual num meio de transformação. Assim [...] foram surgindo indivíduos idealmente preparados para se integrarem sem grandes problemas na sociedade colonial emergente" (Macamo, 1998: 54).

A Missão Suíça deu importante atenção, na sua intervenção, aos hábitos culturais locais. É comum afirmar-se que o registro da língua Tsonga, por exemplo, realizado pelo missionário Junod (Macamo, 2005b: 88), teria sido de extrema importância para o processo de valorização dos africanos em relação à sua própria cultura, o que acaba colocando a Missão Suíça num papel central nos movimentos que instigaram as revoltas anticoloniais. Ainda que o papel da Missão Suíça tenha sido relevante neste processo, é preciso ter em vista as motivações que levaram os missionários a se interessarem pelas culturas locais. "Ao contrário de uma crença corrente, segundo a qual a Missão Suíça teria sido mais aberta à preservação e desenvolvimento da cultura tradicional, ela é profundamente hostil à maior parte das instituições desta cultura. O seu maior contributo nesta área foi o desenvolvimento das línguas" (Macamo, 1998: 56).

Segundo Macamo (2005b), um factor que teria levado os integrantes da Missão Suíça a debruçarem-se sobre as culturas locais é que a sua doutrina religiosa não estabelecia nenhuma contradição entre ciência e religião. Eles viam no conhecimento sobre o mundo uma forma de servir a Deus e isso teria dado o tom da sua intervenção no território moçambicano. No processo de cristianização dos africanos, porém, os missionários não eram menos rígidos que os portugueses em relação às concepções culturais locais, cuja negação aparecia como uma pré-condição essencial para que estes se tornassem membros da igreja.

Diferentemente da igreja católica, que estava preocupada com a quantidade de convertidos, a Missão Suíça preocupava-se com a internalização completa da doutrina por parte dos convertidos. Tentava-se ao máximo introduzir nos africanos uma visão de mundo e hábitos modernos (Macamo, 2005b: 89). Todavia, mesmo aderindo à religião protestante, estes sujeitos não abandonaram certas crenças da religiosidade tradicional. A religião protestante, de acordo com a análise de Macamo (1998: 55), "teria sido mais utilizada como instrumento de ascensão e promoção individual do que pela sua mensagem". Ela desenvolveu esse papel porque proporcionou a estes indivíduos um quadro de valores e de normas susceptíveis de legitimar socialmente o seu novo papel na sociedade.

O resultado disso, segundo Macamo, é que os africanos adoptavam os preceitos modernos na medida em que estes se mostravam úteis para a construção das suas subjectividades neste novo contexto e dos seus papéis na sociedade que emergia, mas isso não significava negar completamente as suas tradições. A integração às missões era vista como uma forma de perseguir uma emancipação individual, era o espaço em que os moçambicanos que já não conseguiam integrar-se completamente nas suas comunidades de origem, por causa das suas novas referências normativas ou por terem migrado definitivamente do seu lugar de origem, encontravam estabilidade. A Missão era vista pelos africanos como um refúgio do sistema colonial português, um espaço onde estes poderiam perseguir suas ambições individuais e viver a sua experiência moderna.

A Missão Suíça acabou tendo um papel importante no desenrolar da história. Os africanos que se juntam a ela e, através dela, se integram no sistema colonial, não tematizam a sua rejeição social em termos religiosos ou tradicionalistas, mas em termos nacionalistas (Macamo, 1998: 56). Nas palavras do autor:

> eles procuram ultrapassar o mal-estar cultural que sofrem através da projecção duma comunidade imaginada com base na própria experiência de procura de enquadramento normativo. A Missão coloca ao seu dispor uma linguagem que lhes permite marcar a diferença e, acima de tudo, imaginar uma comunidade de destino fora do quadro cultural dominante – o colonial. A radicalização política é, portanto, a consequência mais lógica do seu mal-estar cultural e o desenvolvimento do nacionalismo [...] é função do antagonismo entre o indivíduo como criador cultural e a cultura (colonial, precise-se) como sistema social (Macamo, 1998: 56).

É neste sentido que Macamo parece afirmar que Moçambique é um conceito moderno e que é sobre essa óptica que o seu projecto político deve ser analisado. O projecto político que deu lugar a Moçambique tem como parte constituinte anseios modernos. Estes anseios surgiram na medida em que as sociedades africanas entraram em contacto com os europeus, não porque estes são preceitos essencialmente europeus, mas porque os africanos tiveram a sua liberdade roubada por esta intervenção, que ao mesmo tempo, apresentou-lhes um outro referencial normativo que entrava em tensão com as suas instituições tradicionais. Este contacto gerou condições de interrogação sobre a ordem que estava posta. A luta pela independência é o esforço para integrar o outro lado desta modernidade, na qual o continente já estava inserido.

Para entender exactamente o que o autor quer dizer com esta afirmação – Moçambique é um conceito moderno –, que é central no seu debate sobre a realidade moçambicana, é preciso entender a sua posição dentro dos debates sobre a modernidade. Na sua explanação geral sobre as discussões do conceito, Macamo atém-se a duas correntes principais. Uma que tende a conceber a modernidade como delimitação temporal específica da história europeia e outra que não se propõe a discutir as origens dos preceitos modernos, considerando mais frutífero o debate acerca das múltiplas realidades criadas a partir do contacto de diferentes culturas umas com as outras e com os preceitos modernos. A primeira perspectiva é vista por Macamo como etnocêntrica e tem um carácter normativo, porque a sua consequência seria a crença de que há algo de intrinsecamente europeu no desenvolvimento da história, o que, para além de colocar o europeu como protagonista da história da humanidade, reforça uma concepção teleológica da história, onde este estaria um passo a frente do "resto" da humanidade. A segunda proposição, da qual o

autor se aproxima, concebe a modernidade como
um fenómeno que pode adoptar diferentes formas,
enquadrando-se nos debates sobre a existência de
múltiplas modernidades, que não desembocarão
necessariamente na europeização do mundo.

Para Macamo, Moçambique já está em vias de
modernização, "o tribalismo, independentemente
da sua conjuntura actual, pertence ao passado,
tarde ou cedo sucumbirá à marcha imparável da
modernidade" (Macamo, 1996: 363). Esta afirmação,
se não tiver em conta o posicionamento do autor em
relação ao debate, pode parecer demasiado fatalista e
eurocêntrica, mas Macamo adopta uma perspectiva
mais ampla sobre o conceito. A sua posição é de que
a modernização é um processo universal, sem "direito
de autores", realizada por toda a humanidade.

Quando o autor nega que existe algo de
intrinsecamente europeu na modernidade, ele
desconstrói também o paradigma de que a África
seria caracterizada pela tradição. Ao colocar em causa
a ideia de que a modernidade seria a superação da
diversidade cultural do mundo por uma cultura
ocidental homogénea e entendendo que o processo
de modernização das diferentes sociedades está
em aberto em relação aos fins a serem atingidos,
Macamo traz elementos interessantes para a
compreensão das categorias tradição e modernidade
e da forma como este binómio tem sido concebido.
A partir da minha compreensão da obra do autor,

tradição e modernidade são categorias presentes em todas as sociedades, a passagem da primeira para a segunda dá-se a partir da complexificação da realidade social. Se entendemos modernização como europeização, corremos o risco de nos colocarmos essencialmente em oposição a isto, o que significa entendermo-nos como tradicionais. Se nos entendemos como tradicionais, colocamo-nos como uma realidade antecedente à realidade europeia e, neste sentido, estaríamos nos tirando a autonomia sobre os nossos destinos. Mas se descartarmos o sentido normativo do termo modernidade e o entendermos como um processo a ser realizado (e criado), a ideia de que a modernidade constituiria a única alternativa viável para o continente africano justifica-se pela proposição de que esta caracteriza a actualidade de toda a humanidade.

Na sua análise, Macamo está preocupado em entender como a sociedade moçambicana lida com o arcabouço moderno, de que forma esta reinterpreta determinados preceitos e cria uma realidade singular, fruto das interacções entre próprios moçambicanos. Uma importante afirmação dentro de suas análises é a de que os africanos são responsáveis pela sua própria realidade. Ao enxergar o projecto moderno como um projecto amplo, a modernidade não aparece para o autor como um processo de dominação, do mesmo modo que seguir seus preceitos não significa dar continuidade à lógica colonial. A sua perspectiva faz com que o projecto se mostre inevitável porque é uma marcha realizada por toda a humanidade, são preceitos que vêm sendo construídos no percurso da história humana com a influência de diferentes culturas a partir do contacto de umas com as outras. Embora algumas referências valorativas tenham triunfado, para o autor, não é um processo linear, mas múltiplo, com diferentes pontos de chegada. Por isso, não cabe aos africanos simplesmente assimilar determinados preceitos, porque estes também são construtores nesse processo, tanto da sua modernidade específica, quanto de uma ideia global de modernidade.

Enquanto Macamo parece voltar suas investigações para o processo de modernização pelo qual Moçambique enveredou, tentando interpretar não apenas o legado introduzido pela intervenção colonial, como também a forma como os moçambicanos lidaram e lidam com este legado, Severino Ngoenha, em *O retorno do bom selvagem: uma perspectiva filosófico-africana do problema ecológico*, está preocupado em discutir a própria legitimidade do projecto moderno. Ngoenha discute a arbitrária universalização da racionalidade iluminista e as suas consequências desastrosas para o mundo, que sucumbiu perante o uso irracional da técnica e a supremacia do capital, e para o continente africano, que hoje continua sofrendo os efeitos da infeliz forma como se deu a sua integração na economia mundial. Para ele, "racionalidade científica e racionalidade humana não coincidem necessariamente [por isso,] apesar das suas racionalidades respectivas, a ciência e a técnica não dão nenhuma garantia do seu uso racional" (Ngoenha, 1994: 12). Dois argumentos servem para fortalecer esta afirmação, o primeiro diz respeito à postura utilitarista que o ocidente adopta em relação à natureza, que aparentemente está levando o planeta rumo a uma catástrofe ecológica. O segundo está relacionado com a dimensão ética das práticas científicas, questão latente quando percebemos que, apesar de todas as conquistas da ciência, continuamos vivendo num planeta cheio de bombas, guerras, famintos e miséria (1994; 12-14). Para onde nos está a levar esta "iluminação"?

Colocadas estas questões, quais são as directrizes que devemos tomar para projectar o nosso futuro? Essa é uma questão essencial para o filósofo. Um questionamento central na sua obra, apontado no Capítulo 2, é a legitimidade da adopção de padrões desenvolvimentistas exógenos. Na discussão citada anteriormente sobre a consolidação da nação moçambicana, Ngoenha questiona se os modelos adoptados após a independência, tanto o estado socialista como, após o fim da Guerra Fria, o estado democrático, são menos exógenos, menos alienantes e colonizadores que o projecto colonial português (1998: 25-26).

A FRELIMO não escolheu o comunismo: foi-lhe imposto por um processo histórico-político. Agora, tristemente, tenho que defender que o liberalismo selvagem em curso não é também resultado de uma escolha, mas da derrota na segunda guerra. De facto, os objectivos libertários da primeira guerra foram derrotados na segunda guerra. O período que vai de 1945 até 1989, como já se escreveu enormemente, foi dominado pelo conflito ideológico que opôs o bloco chamado de esquerda ao bloco de direita. Nós entramos neste conflito pela janela da nossa vontade de nos libertarmos do colonialismo. A prova da nossa participação periférica está no facto de termos parado com a guerra no momento mesmo em que os generais R. Reagan e M. Gorbatchov assinaram o armistício do fim das hostilidades. A guerra terminou com a vitória do bloco da direita. Dado que nós estávamos no bloco da esquerda, perdemos (Ngoenha, 2011: 20)

O autor não nega: os actores locais tomaram as rédeas da história desde a independência e o projecto de moçambicanidade, embora agregue uma série de controvérsias, é um projecto que visa a liberdade e a autonomia. A questão que se coloca, porém, é se estes actores políticos estão conscientes da história que estão construindo ou se estão a se inserir acriticamente numa pretensa história universal como materializadores de opções alheias, sem tomar para si o direito de criar os próprios modelos a partir dos quais devem projectar suas expectativas. "Somos nós a fazer história ou somos feitos pela história dos outros?" (Ngoenha, 1992: 7; ver também Ngoenha, 2011).

O filósofo retoma diversas reflexões do pensamento africano e como este se colocou diante das imposições da modernidade ocidental, desde perspectivas que procuram a positivação das suas identidades a partir da busca de um passado glorioso da "mãe África" e uma essência negra em contraposição à cultura ocidental, até aquelas posições que seguem a corrente da assimilação dos valores ocidentais rumo ao desenvolvimento. As tentativas de atingir novas identificações a partir da exaltação da sua identidade cultural e do retorno às raízes mostraram-se ineficazes para o continente. Para o autor, estas ideologias aparecem como "uma fuga, de quem, incapaz de pegar nas rédeas do próprio destino, se refugia num passado mítico" (Ngoenha, 1994: 113). Por outro lado, tampouco mostraram-se benéficas as tentativas de reproduzir os padrões europeus, uma vez que, quanto mais aumentam as tentativas de assimilação, mais parecem aumentar também os problemas das desigualdades sociais.

Eu parto da ideia de que uma identidade local não se deve pretender pura, intocada pela influência externa. As culturas estão em constante dinâmica e uma das características destas constantes transformações sempre foi o contacto com outras culturas. Este contacto, por sua vez, sempre foi marcado por processos de dominação e as relações entre diferentes culturas sempre estiveram pautada por disputas hegemónicas. O que parece pertinente na relação que o ocidente estabelece com o mundo é a astúcia com a qual se dá o processo de dominação levado a cabo pelo projecto moderno (inseparável da expansão colonial). Uma astúcia que leva-nos a advogar ao lado do dominador, ao convencermo-nos de que a sua humanidade é a única humanidade possível, que a sua cultura é que nos pode "libertar" da dominação realizada por eles mesmos.

Nas primeiras páginas do livro *Por uma dimensão moçambicana da consciência histórica* (1992), Ngoenha discute a viragem política do final dos anos 1980, com o fim do socialismo como ideologia de estado, e os desdobramentos desta viragem no campo da produção das ciências sociais. À interpretação de Fukuyama acerca do "fim da história" com o triunfo do capitalismo, o autor dá um tom poético ao afirmar que "o fim da história apresentava-se-me como o fim de um pesadelo" (1992: 9). A história humana era uma história onde os africanos haviam participado de forma passiva, por isso o seu "fim" não poderia deixar de incitar um sentimento de libertação. O que realmente significava aquela proposição, todavia, era muito mais sombrio. A afirmação de Fukuyama demonstrava que se havia revelado a verdadeira direcção e o sentido que a história humana deveria tomar: "A pergunta se o homem ocidental é uma maneira de ser homem ou a única maneira possível, encontra doravante a sua definitiva explicação: o 'homo economicus', o capitalista, é doravante a única maneira possível de ser homem" (Ngoenha, 1992: 18).

O argumento de Ngoenha é que a Europa tornou universal um paradigma consequente dos seus processos históricos. Isto significa que a concepção moderna é, para ele, fruto das particularidades europeias. Uma das consequências dessa universalização é que se torna uma difícil tarefa para os povos educados sob a sua hegemonia vislumbrar um projecto político que ultrapasse a própria concepção de modernidade e os ideais de progresso, emancipação e bem-estar que esta agrega. No campo da produção do conhecimento, as análises tornam-se também problemáticas. Segundo o autor, se você adopta uma teoria científica desenvolvida para responder os problemas de determinadas realidades e simplesmente transfere estes conceitos, ao invés de solucionar problemas, você cria novos problemas. São os problemas oriundos da inadequação, problemas que surgem a partir do que aquela realidade não é, mas, que na perspectiva de universalização do paradigma moderno, ela deveria ser (Ngoenha, 2012).

A África acaba por se fascinar pelo ideário moderno. O que se pretende é copiar o ocidente, "porque ele representa aos nossos olhos a grandeza iluminante do domínio sublime do mundo" (Ngoenha, 1994: 55), mas se a África é testemunha da grandeza dos feitos ocidentais no domínio do mundo, é também testemunha "do seu desprezo pelo homem, da traição dos seus próprios princípios de humanismo, de liberdade" (Ngoenha, 1994: 55). Como afirma Ngoenha (2005: 61), em relação aos métodos adoptados no processo de colonização, estes eram mais bárbaros do que os bárbaros que pretendia-se civilizar. As contradições em relação ao projecto moderno não se revelam apenas nas relações que o continente europeu estabelece com suas colónias. Se fizermos uma leitura atenta sobre as escolhas políticas que têm norteado a história recente da humanidade, veremos que princípios de dignidade humana e o baluarte moderno de liberdade, igualdade e fraternidade são facilmente colocados de lado em detrimento de vantagens económicas.

Para o filósofo, faz-se necessário, por estas razões, que nos interroguemos sobre o significado da modernidade antes de nos servirmos dela como um instrumento conceptual.

Em particular, como componente essencial do universo de referência própria do desenvolvimento, ela opõe-se necessariamente à tradição, categoria que é percebida a priori de maneira negativa. Falar da tradição equivale normalmente a estabelecer uma verdadeira amálgama de costumes, de práticas, de ideias, de crenças, todas desvalorizadas e muitas vezes rejeitadas fora dos limites da razão, isto é, classificadas de obscurantismo. Com esse termo particularmente pejorativo, decreta-se que toda a distância com as lições recebidas dos filósofos das luzes, constitui um atentado à verdade absoluta da razão e do progresso (Ngoenha, 1994: 72).

De acordo com a minha interpretação, está claro que alguns aspectos das culturas africanas – com isso não tenho o intuito de homogeneizar o continente, não me estou a referir a valores culturais de África, mas, presentes em África – são radicalmente diferentes das culturas ocidentais. O que se passa é que parte considerável dos aspectos que constituem a "visão de mundo" de diferentes povos africanos não sucumbiu ao processo de "civilização" violentamente realizado pela intervenção colonial. É facto que uma parcela da população africana vive quotidianamente o que se naturalizou chamar de tradição sem precisar colocar em cheque a sua legitimidade, a sua autenticidade e a sua actualidade. Identificar características típicas da "visão de mundo" dos africanos não significa, a meu ver, congelar as tradições do continente, mas, talvez, mostrar que parte dessas populações não assimilou arbitrariamente os valores ocidentais. Porquê? Por que resistem à modernidade? Ou por que as suas epistemes solucionam os seus problemas de forma mais eficaz? Para uma parcela da população, aquilo não representa uma tradição estática, está viva, em constante transformação, mas talvez não em "vias de modernização".

Em relação a este impasse, o filósofo traz uma contribuição interessante na sua reflexão sobre os problemas da democracia representativa em Moçambique:

> Ora, as estatísticas mostram que mais de noventa por cento dos cidadãos moçambicanos não possuem os apetrechos intelectuais necessários para participarem, e por conseguinte, legitimarem uma democracia, cujos paradigmas respondem a pressupostos culturais e históricos ocidentais. Por outro lado, todos os trabalhos de história e de antropologia levados a cabo sobre as diferentes culturas moçambicanas mostram que a participação popular na coisa pública e os diferentes sistemas de governação das culturas nacionais diferem em toda a medida do sistema constitutivo e da organização dos poderes públicos actuais (Ngoenha, 2011: 23)

O debate trazido pelo filósofo refere-se à inadequação de determinados pressupostos à determinadas realidades. Afirmar que a forma como a democracia é concebida actualmente é inadequada às realidades africanas comummente cola-se à afirmação essencialista de que os africanos seriam antidemocráticos. Mas será que o insucesso na consolidação de determinados modelos deve ser visto como resultado da incapacidade de determinadas culturas em assimilá-las ou da incapacidade de determinados modelos de solucionarem determinados problemas?

Ngoenha, assim como Macamo, concebe Moçambique como um conceito moderno. Ele não tenta negar a inserção do país na marcha da modernidade, pelo contrário, o que o autor tenta demonstrar, a partir de uma aproximação das ideias de Dussel e Mignolo, é que a própria escravatura e o colonialismo são partes integrantes desta modernidade. Por isso, a África sempre foi parte constituinte da modernidade, porém, enquanto a sua face obscura. Esta afirmação revela que, dada a perspectiva dupla da modernidade, o projecto não pode ser visto unicamente como emancipador e a nossa existência enquanto periferia é que torna o sistema viável (Ngoenha, 2000: 18-19). De acordo com sua interpretação, o intuito dos portugueses nunca foi de assimilar os africanos, de torná-los portugueses a partir de um processo civilizatório, como uma espécie de colonização benevolente. O que se pretendia era domesticá-los e dominá-los para extrair deles o máximo de lucro possível. Este processo, todavia, teve desdobramentos diversos e o filósofo entende o encontro entre o ocidente e a África como uma aventura ambígua (Ngoenha, 2005: 49), porque em termos de contribuição para o continente africano, a relação é dual, é sempre boa e má, e se constrói num processo de troca onde ambas as partes dão e recebem.

O debate torna-se ainda mais irónico quando sublinhamos que, mesmo em solo europeu, "os direitos do homem à democracia e à dignidade da pessoa humana vieram sempre depois dos interesses económicos" (Ngoenha, 1994: 61). Por isso, a nossa emancipação não pode ser representada simplesmente pela busca desses ideais. Se temos alguma coisa a aprender com a trajectória europeia, não é apenas a partir dos seus feitos, mas também reflectindo criticamente sobre as suas falhas e suas incompatibilidades com as nossas realidades. Creio que as concepções de modernidades múltiplas, ou outras perspectivas que tentam alargar o conceito, não se mostram suficientemente emancipadoras para o filósofo. A correcção da modernidade, para ele,

Deveria permitir a consolidação de espaços de autonomia política e técnica. Mas a própria democracia tinha que ser interrogada quanto à sua capacidade de ser democrática, isto é, a sua capacidade de permitir que outras formas de participação popular sejam respeitadas. A técnica deveria permitir que outros processos de relacionamento do homem com a natureza fossem cientificamente legitimados, o que sugere o reconhecimento de outras formas de racionalidade, como tem vindo a defender Horton. Neste sentido, a maior correcção da modernidade estaria na reavaliação do lugar humano a ser ocupado pelas culturas e povos cuja opressão e supressão ajudaram a emergência do processo moderno, como sublinha Dussel (Ngoenha, 2000: 18)

Isso significa colocar em causa todos os princípios que compõem o projecto moderno, significa colocar em causa o próprio projecto. Do meu ponto de vista, as perspectivas que tendem a compreender a modernidade de forma mais plural não se mostram suficientemente questionadoras porque, embora possam dar agência ao sujeito ao negar a inevitabilidade de um futuro homogéneo ou incluam a participação de todos na construção destas modernidades, elas não questionam os valores que estão na base do projecto moderno. Todas as características intrínsecas à modernidade, então, tornam-se um caminho obrigatório, porque valores que se pretendem universais como a liberdade e a igualdade (da forma como são concebidos pelo ocidente) se tornaram valores absolutos e passam a constituir a única chave possível para solucionar diferentes impasses que ameaçam a humanidade. Como afirma Ngoenha, "autonomia individual, democracia e direitos do homem constituem, muitas vezes, o único universo de referência para considerar, quer as próprias realidades socioculturais, quer, sobretudo, as dos outros" (Ngoenha, 1994: 63). A emancipação humana, nesta lógica, parte necessariamente do diálogo que diferentes culturas estabeleceriam com estes princípios, como se a coerência da sua essência não estivesse em causa e como se fossem válidos para qualquer contexto.

O posicionamento de Ngoenha não postula que a África deve negar completamente a modernidade, incluindo seus possíveis benefícios. A partir do processo de suas independências em relação às metrópoles, a África insere-se numa conjuntura geopolítica moderna, "com problemas que a tradição, não obstante a sua importância e valores, não parecia susceptível de resolver" (Ngoenha, 2005: 47). O autor questiona-se, "o que é que a liberdade implica em termos responsabilidade? [...] A liberdade, como autodeterminação, era um conceito político moderno com implicações modernas que a educação e os valores tradicionais não pareciam capazes de resolver" (Ngoenha, 2005: 47). Dessa forma, é preciso questionar quais as directrizes a serem tomadas dentro deste panorama em que a África se insere hoje.

O autor expõe a situação delicada em que se encontram os países africanos, cuja negação total dos preceitos modernos poderia significar um auto-sabotamento e, ao mesmo tempo, cujo lugar relegado na economia global é sempre o de subalterno. "O projecto de libertação e de autodeterminação do Homem africano passará necessariamente pelo domínio da ciência e da técnica. Foi certamente a falta destas que deixou a África a mercê do imperialismo ocidental" (Ngoenha, 1994, p. 28). Negar o conhecimento acumulado pelas sociedades ocidentais acabaria por relegar os africanos à posição de eternos selvagens. Algumas questões, porém, são irónicas. É o caso do debate sobre a perspectiva utilitarista que o ocidente vem tomando em relação à natureza e suas possíveis consequências desastrosas. Neste contexto, não se revela claro que alguns projectos desenvolvimentistas que pretendem guiar o continente em direcção a uma visão instrumentalista da natureza são anacrónicos? (Ngoenha, 1994: 39)

Para o autor, a África não parece ter muita escolha, a sua prioridade hoje é lutar pela sobrevivência e contra a sua marginalização internacional. Outra ironia da posição que a África ocupa é o facto do continente não dividir as riquezas do mundo, mas ser sempre cobrado a dividir suas misérias, tanto nas decisões internacionais em torno dos problemas ecológicos (onde as mudanças impostas aos países mais pobres sempre se tornam de mais difícil efectivação, exactamente pela sua insuficiência técnica e económica), como na internacionalização de indústrias cuja actuação se tornou incompatível com as regulamentações trabalhistas e ecológicas do primeiro mundo. A África, então, encontra-se neste impasse: o desafio de superar todos estes empecilhos rumo à renovação do seu projecto de existência. Ngoenha acredita que o caminho para emancipação só pode ser trilhado se houver um esforço para sair da posição de complementaridade das políticas neocoloniais e se relacionar a nível global como construtores, como co-artesãos do novo mundo. Para tal, é preciso que a África se imponha económica, social, técnica e também culturalmente.

Compreendo as interpretações do conceito de modernidade na obra dos autores como um ponto fulcral na forma como estes concebem que deve-se projectar o futuro de Moçambique. Se Ngoenha afirma que os africanos precisam se colocar enquanto construtores do futuro lado a lado com os ocidentais, ele também tem em vista que não é possível negar o legado da colonização (nem em termos de acúmulo de saber, nem em termos das arbitrárias directrizes desenvolvimentistas). Neste sentido, em que medida a sua perspectiva se opõe à ideia de Macamo de que os africanos estariam a construir suas próprias modernidades?

Como foi colocado anteriormente, Macamo
propõe que a história que construímos, na qual
somos todos activos, apresenta-se como a criação
de múltiplas modernidades. O sociólogo também
entende que o legado deixado pela colonização é
inegável e aos moçambicanos cabe transformá-lo
de forma que este poderá lhes ser útil. A superação
dos problemas da realidade moçambicana deve-se
dar através da interrogação do presente, da tensão
entre os diferentes referenciais normativos presentes
nesta sociedade. A modernidade aparece na sua obra
como algo em convulsão, algo que já existe e está
em constante processo de reformulação. Acredito
que a modernidade, para ele, é a interrogação do
nosso presente para a construção de um futuro
digno. Como conceito analítico, é inevitável para
a interpretação das nossas realidades, seja pela
sua arbitrariedade, dado histórico do qual não
podemos fugir e, por isso, precisa ser levado em
consideração nas nossas análises, seja pelos embates
que estabelecemos com o modelo. Na sua elaboração
sobre o "saber africano" (Macamo, 2002), onde
se deve situar a sociologia produzida em África,
Macamo afirma:

> o que se tem em mente é um tipo de saber que
> consiste na projecção duma ideia de África
> no futuro a partir da confrontação entre o
> indivíduo e as condições objectivas de sua

existência no momento actual. Na essência, o que estas projecções produzem é uma ideia de África fruto da aceitação da condição moderna na perspectiva de encontrar nela um espaço identitário próprio (Macamo, 2002: 6)

Por outro lado, penso que a compreensão de Ngoenha sobre a arbitrariedade da perspectiva moderna justifica-se pela seguinte questão: como podemos considerar que o modelo de desenvolvimento hegemónico é fruto do diálogo de todas as culturas, sem "direito de autores", se, de acordo com toda a história da humanidade que nos é contada, a Europa esteve sempre no seu centro e um passo à frente de todas as outras culturas? A perspectiva de que a modernidade é um projecto "sem direito de autores" elimina a dimensão do conflito e os processos de dominação historicamente vivenciados das interpretações sobre as nossas realidades. Ela corre o risco de recair na ideia de que não existiria nada de arbitrário no modelo de sociedade no qual vivemos hoje, como se o diálogo entre diferentes culturas se desse de forma horizontal e o estabelecimento de determinados dogmas se realizasse a partir da avaliação conjunta dos melhores caminhos a serem tomados pela humanidade. Essa perspectiva não leva em conta que a supremacia do estatuto moderno relega à obscuridade saberes que poderiam contribuir para a superação de problemas causados por este próprio modelo de desenvolvimento moderno que vivemos hoje.

Ao ir de encontro às correntes hegemónicas de desenvolvimento, entretanto, o filósofo vê-se diante de uma grande responsabilidade: não basta negar determinados pressupostos, é preciso colocar-se enquanto actor criativo no processo de construção do que seriam as possibilidades alternativas de emancipação. Como opor-se ao discurso desenvolvimentista hegemónico sem cair no mito do bom selvagem? Esta dicotomia reduz nossas capacidades criativas, como se não fosse possível fugir do mito do progresso sem ser através da busca de um passado mítico tradicional. O filósofo propõe o contrário, sua proposição é a projecção dum futuro que extrapole e avance os nossos referenciais presentes e passados.

Negar a marcha rumo à modernidade por vezes parece suicídio e significa também negar que já estamos inseridos neste processo. Significa negar que o projecto político que deu lugar ao que hoje constituem os nossos estados independentes é um projecto moderno. Significa negar que os nossos sonhos de igualdade foram e continuam sendo incitados por uma visão de mundo moderna e que a busca pela nossa liberdade tem estado entrelaçada à busca pela nossa modernidade. Mas ceder completamente a ela seria negar as nossas capacidades criativas e imaginativas, seria assumir de uma vez por todas que a colonização das nossas mentes realizou-se definitivamente.

5   Considerações finais

Quando o presente se desintegra, quando o
passado manifesta simplesmente a nossa crise,
quando o futuro parece uma miragem, onde se
situa o lugar do recomeço, o verdadeiro lugar de
renovação? (Ngoenha, 1994: 117)

Primeiramente, considero importante esclarecer
uma questão. No percurso de desenvolvimento deste
trabalho cada vez mais me vi aproximar das ideias do
filósofo Severino Ngoenha. Acredito que isto acabou
fazendo com que eu não conseguisse me distanciar
e tecer uma crítica concreta ao seu pensamento e,
muitas vezes, acabasse por desenvolver algumas
críticas ao pensamento de Macamo a partir das ideias
de Ngoenha. Em algum momento vi este facto como
uma fraqueza do projecto. Talvez seja uma fraqueza,
mas actualmente tenho encarado como uma escolha,
um posicionamento dentro do debate.

As reflexões desenvolvidas no percurso deste

trabalho partem de inquietações extremamente pessoais. Estou longe de fazer a distinção entre sujeito e objecto do conhecimento, eu mesma sou também este objecto e estes conflitos dizem respeito, também, à minha realidade, sendo esta uma discussão igualmente relevante para o contexto de produção das ciências sociais no Brasil. O esforço empenhado neste trabalho, dessa forma, é uma tentativa de buscar respostas que se fazem urgentes para a minha própria trajectória enquanto aspirante a socióloga. Retomo os questionamentos de Hountondji (1994) acerca do sentido da nossa prática enquanto produtores de conhecimento: que tipo de reflexão pretendemos desenvolver dentro deste campo? Qual é a sua razão de ser nos nossos contextos específicos? E mais, o que esse conhecimento tem a dizer sobre as nossas verdadeiras inquietações?

As discussões sobre a modernidade perpassam directa ou indirectamente boa parte do que vem sendo produzido no campo da sociologia. A discussão torna-se comum porque a própria sociologia fundou-se como uma reflexão sobre as condições modernas de existência humana. O que justifica a centralidade do conceito nos contextos dos centros hegemónicos do capitalismo global é que as suas realidades contemporâneas são fruto directo deste projecto que, bem ou mal, triunfou; nos contextos das periferias, tem sido que a nossa actualidade constituiu-se a partir dos embates, fascínios e resistências que estabelecemos com o modelo, de forma que, ironicamente, mesmo quando queremos negá-lo, acabamos por citá-lo.

As questões levantadas por um intelectual da periferia, na medida em que esse se reconhece enquanto tal, sempre passam de alguma forma por essa tensão em relação à nossa modernidade, à nossa "não modernidade", à nossa "quase modernidade". Não necessariamente porque este conflito esteja presente em todas as instâncias da nossa existência, mas porque a tensão com a modernidade vai ser sempre um lugar de partida para se pensar dentro do tipo de conhecimento que nós nos pretendemos produtores (a ciência moderna), vindos de onde viemos. Ser um cientista social da periferia é estar no limiar entre dois mundos, entre várias verdades, as "nossas" e as "ditas universais".

Afinal, não seria a academia um ocidente deslocado? Não seríamos, todos os formados sobre a sua hegemonia, ocidentais fora do ocidente? A academia moçambicana congrega, maioritariamente, uma geração formada fora de África e por isso, em trânsito. O Brasil, por outro lado, vive outro contexto, uma academia relativamente consolidada, com programas de pós-graduação a multiplicarem-se pelo país, formando seus próprios académicos. Quão locais serão estes? Diante da sistemática repetição de dogmas alheios que vem sendo realizada, quão locais somos nós? Talvez essa pergunta não se faça necessária e seja demasiado complexa, outra, porém, me parece pertinente: serão mais locais que aqueles que viajaram oceanos? Deveriam o ser?

Amílcar Cabral (*apud* Macamo, 2012: 11), intelectual da Guiné-Bissau e Cabo Verde, disse em determinado contexto que o regresso às raízes proposto por algumas correntes anticoloniais não era necessário ao povo, mas sim àqueles que foram alienados pelo acidente histórico da colonização. A questão colocava-se, no fundo, porque os intelectuais que davam forma aos ideais de libertação colonial se haviam tornado, muitas vezes, mais ocidentais que africanos. O que isso significava? Significava que já não conseguiam interpretar o mundo a partir do mundo em que viviam, ou as necessidades do mundo em que viviam a partir daquele mundo, significava que o projecto de libertação era, em si, um projecto ocidental. Mas como poderiam estes intelectuais aproximarem-se da população? Como poderiam falar pela população? É possível falar por alguém? A partir do momento em que aquele africano obtinha para si a enunciação palavra, já não era subalterno.[17] Esta questão esteve no cerne da discussão sobre a produção de conhecimento científico a partir da periferia. A fala do intelectual não é a fala do

---

17 Em relação a este debate, ver SPIVAK, Gayatri Chakravorty (2010) *Pode o subalterno falar?*. Belo Horizonte: Editora UFMG.

subalterno, não poderia o ser, a sua fala é a fala do cidadão em conflito com o lugar que ocupa. Por isso, as reflexões que partem desse pano de fundo não poderiam ter outras tensões que não estas. São os dilemas dos ocidentalizados não ocidentais.

Estas ideias questionam de alguma forma o sentido da própria produção das ciências sociais. Esse não é o intuito do trabalho, porém, é uma inquietação que está por detrás das reflexões que se desenvolveram até aqui. O questionamento não faz-se porque as ciências sociais não constituem uma racionalidade válida, pelo contrário, o que se revela mais confuso é que o carácter reflexivo da sociologia faz com que ela própria nos dê as ferramentas para questionarmos a sua validade, o seu carácter dominador e o seu papel enquanto produto e reprodutora da dominação ocidental em relação ao mundo. Por isso, torna-se possível fazer estes questionamentos dentro das suas fronteiras, o que não significa que não possamos extrapolá-las quando isso se fizer necessário para alcançarmos nossos objectivos enquanto pensadores. O questionamento dá-se porque me parece que ainda está em aberto o que pretendemos com a produção desse tipo de conhecimento.

As reflexões de Elísio Macamo e Severino Ngoenha são respostas a estas inquietações. Os dois reflectem a partir de uma base epistemológica que teve a negação do africano na sua base e não ignoram este facto, parecem estar preocupados em superar estes problemas. Macamo encontra-se entre aqueles que lutam por um espaço legítimo dentro da produção científica global, pela inserção do continente africano na comunidade de produção científica global. Embora Ngoenha, por outro lado, adopte uma perspectiva crítica em relação ao sentido desta produção, ele não deixa de beber numa tradição de pensamento que é largamente ocidental. Uma questão que se coloca é: será possível pensar fora do pensamento ocidental, uma vez que a nossa formação se deu dentro deste? Parece que não é possível negar o legado do qual somos herdeiros, mesmo que bastardos. Como, então, transformar o sentido destas reflexões de modo que elas nos sejam favoráveis?

Bibliografia

ANDERSON, Benedict (2008). *Comunidades Imaginadas:* reflexões sobre a origem e a difusão do nacionalismo. São Paulo: Editora Schwarcz.

BERMAN, Marshall (2007). *Tudo que é sólido se desmancha no ar:* a aventura da modernidade. São Paulo: Companhia das Letras.

BRAGANÇA, Aquino de e DEPELCHIN, Jacques (1986), "Da idealização da FRELIMO à compreensão da História de Moçambique". *Estudos Moçambicanos.* Maputo, nº5/6, p. 29-52.

BRAGANÇA, Aquino de; O'LAUGHLIM, Bridget (1996). "O trabalho de Ruth First no Centro de Estudos Africanos: O Curso de Desenvolvimento". *Estudos Moçambicanos.* Maputo, nº 14, p. 113-126.

BRITO, Luis (1993). "Estado e democracia multipartidária em Moçambique". *Estudos Moçambicanos.* Maputo, nº 13, p. 17-26.

CABAÇO, José Luís (2009). *Moçambique:* identidade, colonialismo e libertação. São Paulo: Editora UNESP.

CHATTERJEE, Partha (2000). "Comunidade imaginada por quem?". In BALAKRISHNAN, Gopal (org.). *Um mapa da questão nacional.* Rio de Janeiro: Contraponto. p. 227-238

_____ (2004). *Colonialismo, modernidade e política.* Salvador: EDUFBA.

COHN, Gabriel (1979). "Introdução". In COHN, Gabriel (Org.). *Max Weber:* sociologia. São Paulo: Ática. p. 7-34.

COSTA, Sérgio (2006). "Desprovincializando a Sociologia: A contribuição pós-colonial". *Revista Brasileira de Ciências Sociais.* Nº 60. Disponível em: http://www.scielo.br/scielo.php?pid=S0102-69092006000100007&script=sci_arttext – Acesso em maio de 2012.

CRUZ E SILVA, Teresa (2005) "Prefácio" In SERRA, Carlos, *Ciências, cientistas e investigação (Manifesto do reencantamento social).* Maputo: Livraria Universitária – Universidade Eduardo Mondlane

FANON, Frantz (2005). *Os Condenados da Terra.* Juiz de Fora: ED. UFJF.

FERNANDES, Florestan (1977). "O padrão de trabalho científico dos sociólogos brasileiros". In *A Sociologia no Brasil:* Contribuição para o estudo de sua formação e desenvolvimento. Petrópolis: Editora Vozes. Capítulo 3.

GANHÃO, Fernando (1983) "Problemas e prioridades na formação em Ciências Sociais". *Estudos Moçambicanos.* Maputo, nº 4, p. 5-17

GRAÇA, Pedro Borges (2005). *A construção da nação em África* (ambivalência cultural em Moçambique). Coimbra: Edições Almedina.

HOUNTONDJI, Paulin (1994). "Investigação e extraversão: elementos para uma sociologia da ciência em países da periferia". *Soronda Bissau.* Bissau, v.8, p. 107-118.

_____ (2010). "Conhecimento de África, conhecimentos de africanos: duas perspectivas sobre os estudos africanos". In SANTOS, Boaventura de Souza; MENESES, Maria Paula (Orgs.), *Epistemologias do Sul.* São Paulo: Cortez. p. 131-144.

KUMAR, Krishan (1997). *Da sociedade pós-industrial à pós-moderna* - novas teorias sobre o mundo contemporâneo. Rio de Janeiro: Zahar.

MBEMBE, Achille (2001). "As formas africanas de auto-inscrição". *Estudos Afro-Asiáticos* [online], vol.23, nº 1. p. 175-209.

MACAGNO, Lorenzo (2005). Lendo Marx "pela segunda vez": experiência colonial e a construção da nação em Moçambique. Disponível em: http://www.unicamp.br/cemarx/ANAIS%20IV%20COLOQUIO/ comunica%E7%F5es/GT4/gt4m1c2.PDF - Acesso em Maio de 2009.

MACAMO, Elísio (1996). "A nação moçambicana como comunidade de destino". *Lusotopie*, p. 355-364.

_____ (1998). "A influência da religião na formação de identidades sociais no sul de Moçambique". In SERRA, Carlos (Org.). *Identidade, moçambicanidade, moçambicanização*. Maputo: Livraria Universitária – Universidade Eduardo Mondlane, p. 35-70.

_____ (2002). "Black gold, social change and reflexivity: sociology avant la letter in Mozambique." Disponível em: *ww*w.afsa2007.org/ Conference_Papers/96 - 6k - Acesso em Março de 2009.

_____ (2005a). "Negotiating modernity: from colonialism to globalization". In MACAMO, Elísio (Ed.). *Negotiating Modernity: Africa's ambivalent experience*. Dakar: Codesria Books; Londres, Nova Iorque: Zed Books; Pretória: University of South Africa Press, p. 1-16.

_____ (2005b). "Denying modernity: the regulation of native labour in colonial Mozambique and its postcolonial aftermath". In MACAMO, Elísio (Ed.). *Negotiating modernity: Africa's ambivalent experience*. Dakar: Codesria Books; Londres, Nova Iorque: Zed Books; Pretória: University of South Africa Press, p. 67-97.

_____ (2009). Entrevista concedida a Eliane Veras Soares e Remo Mutzeberg. *Estudos de Sociologia*, Recife, v. 15, n.2, p.15-34.

MALDONADO-TORRES, Nelson (2010). "A topologia do ser e a geopolítica do conhecimento. Modernidade, império de colonialidade". In SANTOS, Boaventura de Souza e MENESES, Maria Paula (Orgs.). *Epistemologias do Sul*. São Paulo: Cortez. p. 396-443.

MENESES, Maria Paula (2004). "Agentes do conhecimento? A consultoria
e a produçãodo conhecimento em Moçambique". In SANTOS,
Boaventura de Souza (Org.). *Conhecimento prudente para uma vida
descente:* um discurso sobre as Ciências' revisitado. São Paulo: Cortez.
p. 683-715

_____ (2010). "Corpos de violência, linguagens de resistência: teias
de conhecimentos no Moçambique contemporâneo". In SANTOS,
Boaventura de Souza e MENESES, Maria Paula (Orgs). *Epistemologias
do Sul.* São Paulo: Cortez. p. 221-260.

MUTZENBERG, Remo; SOARES, Eliane Veras (2009a),
"Democratização, sociedade civil e cultura política: aproximações entre
o Brasil e a África lusófona". *Estudos de Sociologia*, Recife, v. 15, n.2, p.
49-68.

NEWITT, Malyn (1987). "O período de imperialismo europeu em
Moçambique". *Revista Internacional de Estudos Africanos*, nº 6 e 7,
Janeiro-Dezembro, p.239-250

NGOENHA, Severino (1992). *Por uma dimensão moçambicana da
consciência histórica.* Porto: Edições Salesianas.

_____ (1993). *Filosofia Africana:* das independências às liberdades.
Maputo: Edições Paulinas – África.

_____ (1994). *O retorno do bom selvagem:* uma perspectiva filosófica-
africana do problema ecológico. Porto: Edições Salesianas

_____ (1998). "Identidade moçambicana: já e ainda não". In SERRA,
Carlos (Org.), *Identidade, moçambicanidade, moçambicanização.*
Maputo: Livraria Universitária – Universidade Eduardo Mondlane. p.
17-34.

_____ (2000). *Estatuto e axiologia da educação:* o paradigmático
questionamento da Missão Suíça. Maputo: Livraria Universitária –
Universidade Eduardo Mondlane

_____ (2011). "Por um pensamento engajado". In NGOENHA,
Severino e CASTIANO, José P. *Pensamento Engajado:* Ensaios sobre
filosofia africana, educação e cultura política. Maputo: Editora Educar
– Universidade Pedagógica

_____ (2012). Entrevista concedida a Paula Sophia Branco de Lima em
30/01/2012, Maputo, mimeo.

PORTO-GONÇAVES, Carlos Walter (2005). "Apresentação da edição
em português". In Edgardo Lander (Org.). *A colonialidade do saber:*
eurocentrismo e ciências sociais. Perspectivas latino-americanas.
Buenos Aires, CLACSO. Disponível em: http://bibliotecavirtual.
clacso.org.ar/ar/libros/lander/pt/lander.html - Acesso em janeiro de
2011

QUIJANO, Aníbal (2005). "Colonialidade do poder, eurocentrismo e
América Latina". In Edgardo Lander (Org.). *A colonialidade do saber:*
eurocentrismo e ciências sociais. Perspectivas latino-americanas. Buenos
Aires, CLACSO. Disponível em: http://bibliotecavirtual.clacso.org.ar/
ar/libros/lander/pt/lander.html - Acesso em janeiro de 2011

_____ (2010). "Colonialidade do poder e classificação social". In
SANTOS, Boaventura de Souza; MENSES, Maria Paula (Orgs.),
Epistemologias do Sul. São Paulo: Cortez. p. 84-130.

SANTOS, Boaventura de Souza (2002). "Para uma sociologia das ausências
e uma sociologia das emergências". *Revista Crítica de Ciências Sociais.*
Centro de Estudos Sociais. Coimbra.

_____ (2010). "Para além do pensamento abissal: das linhas globais
a uma ecologia de saberes". In SANTOS, Boaventura de Souza e
MENESES, Maria Paula (Orgs.). *Epistemologias do Sul.* São Paulo:
Cortez. p. 31-83.

SERRA, Carlos (1997). *Novos combates pela mentalidade sociológica.*
Maputo: Livraria Universitária – Universidade Eduardo Mondlane

TOLLENAERE, Marc de (2006). Apoio a democratização a Moçambique Pós-Conflicto – Intenções e Resultados. Disponível em: http://www.clingendael.nl/publications/2006/20060600_cru_working_paper_37_pt.pdf - Acesso em Abril de 2009

Printed in the United States
By Bookmasters